JN071705

杉原千畝の実像

数千人のユダヤ人を救った決断と覚悟

古江孝治

ミルトス

発刊に寄せて

本書が発刊されて一番喜ぶのは父千畝でしょう。今まで真実の杉原千畝を伝えた書籍はないと言っても過言ではないからです。

千畝の物語は書籍以外でもテレビ、映画、ミュージカル、演劇、教科書などで、捏造されたストーリーがコピーされ、さらに新たな創作が加わって読者や聴衆を喜ばせる内容となり、あたかも真実かのように商売の道具として利用されてきました。

杉原千畝の研究もせずに自称「杉原千畝の研究者」と名乗る者も少なくありません。そのような中で、アーカイブを細部まで研究し、父千畝の人間性まで掘り起こして分析したのは古江孝治氏以外にいません。余分な装飾もない千畝、真の千畝、それ以上に何が必要でしょうか。真実ほど尊いものはありません。

著者の古江孝治氏、並びに出版社のミルトスに心から敬意を表します。今後、百年、何百年にもわたって読まれる千畝に関する史実の手引書となることを信じてやみません。本書が父の本当の姿を知るよすがとなれば幸いです。

二〇二〇年　秋

杉原伸生

（杉原千畝の四男、ベルギー在住）

杉原千畝の実像——数千人のユダヤ人を救った決断と覚悟／目次

発刊に寄せて……………………杉原伸生　1
プロローグ　10

第1部　外交官になるまで……………………………………………………13

第1章　出生から青年時代　15
誕生　15　優秀な小学生　16　青春時代を過ごした五中　18
憧れの東京・早稲田大学　20　外務省留学生試験　21

第2章　満洲時代　23
ハルビンでの留学　23　入隊そして母やつの死　25
ハルビン日本総領事館　28　クラウディヤとの結婚、そして別れ　30
北満鉄道譲渡交渉　33　外務省へ復帰　37

第3章　外交官時代　40
ペルソナ・ノン・グラータ　40　カウナス日本領事館の開設　43
プラハでもビザ発給　47　ケーニヒスベルクで独ソの情報収集　49
ルーマニアで敗戦　51

第2部　杉原ビザの役割 …… 55

第4章　ビザ発給の決断と覚悟 57
ドイツとソ連による圧迫 57　ソ連によるリトアニア併合 58
ビザ発給の要件 60　日本政府のユダヤ避難民政策 63
なぜビザを発給したのか 65　カウナス駅での別れ 69
杉原ビザの偽造 70

第5章　ユダヤ避難民の逃避行 74
キュラソービザ 74　苦難の逃避行 77
ウラジオストクの根井三郎 81　敦賀上陸 84
ジャパン・ツーリスト・ビューロー 87　神戸の小辻節三 89
神戸ユダヤ協会 93

第6章　ヘブンと呼ばれた敦賀 96
平和を実感した町 96　優しかった市民 99
林田特派員のレポート 102　杉原サバイバーたち 104

第3部　戦後の杉原千畝……111

第7章　敗戦から帰国　113

日本への帰国　113　外務省を退職　116　様々な職業に就く　118
ヘッドハンティング　121　捜し出された千畝　122

第8章　ソ連での商社員時代　126

ベイルートでの再会　126　モスクワでの生活　128
SEMPO杉原　130　イスラエルを訪問　132　モスクワからの便り　134
モスクワでのインタビュー　136

第9章　晩年　138

藤沢から鎌倉へ　138　幻の海外移住計画　140　千畝の宗教観　142
名古屋での顕彰事業　145　「世界の記憶」への登録見送り　147
杉原ビザへの思い　149

巻末資料　①杉原千畝の軍歴　154　②ユダヤ人対策要綱　155　③ユダヤ避難民の敦賀入港を伝える報道　156
④敦賀市民の証言　157　⑤杉原へのインタビュー　163　⑥杉原千畝の略年譜　179
⑦主要参考文献一覧　184

あとがき　188

凡例

一、本文を補う説明については、本文中に ※ で数字を付して、見開き頁毎に左脇に示した。

一、古い文献の引用については、旧漢字や旧仮名遣いを改め、句読点やルビ等を適宜挿入した。

シベリア鉄道
オトポール駅
満洲里
北満鉄道
ハルビン
シベリア鉄道
満洲国
綏芬河《すいふんが》
新京（長春）
ウラジオストク
旅順
大連
0 100 200km

満洲国と北満鉄道

1939 年当時のヨーロッパ

杉原千畝の実像——数千人のユダヤ人を救った決断と覚悟

プロローグ

一九四〇年七月中旬、リトアニアの夏は涼しく穏やかな気候で過ごしやすかった。カウナスの日本領事館でいつもと変わらない朝を迎えた杉原千畝《ちうね》は、建物の周りを人が埋め尽くす異様な光景を見て驚いた。

杉原は集まった群衆に彼らの目的を聞いた。彼らのほとんどはドイツとソ連の侵攻によって逃れてきたポーランドのユダヤ人で、第三国へ逃れるために日本の通過ビザ[※1]を求めていた。

ビザ発給は、在外公館における公館長の権限の一つだった。しかし、これだけ大勢の避難民に通過ビザを発給することは、日本国内を混乱させる恐れがあるため、本省の許可が必要だった。杉原は本国の外務省に打診した。すると、「行先国の入国手続きを完了し、かつ旅費および我が国の滞在費等について、相当の携帯金を持っていなければ通過ビザを発給してはならない」との回答が返ってきた。

しかし目の前に集まっている人たちは避難民であり、その多くが行先国の入国許可どころかパスポートやお金も十分に持っていなかった。杉原にとって、避難民は何の関わり合いもない人たちだった。

杉原は、ソ連当局から領事館の閉鎖・退去の勧告を受けていた。このまま退去勧告に従って領事館を閉鎖し、彼らを見捨てて立ち去ったとしても、誰からも咎《とが》められることはなかった。しかし彼らにビザを発給すれば訓令違反となり、外交官として問題視されることは間違いない。杉原は悩んだ。杉原にも避難民にも時間がなかった。避難民と外務省の板挟みになり、決断を迫られていた。

杉原は意を決し、領事館の外で待つ避難民にビザ発給を告げた。それは、外務省の方針に反する行為だった。これまでの思い悩んだ気持ちを払拭するかのように、杉原は大量のビザを書き続けた。その数は二千百四十枚に達した。後の杉原自身へのインタビューによると、四千五百枚を発給したとも語っている。

杉原はなぜビザ発給に踏み切ったのか。外交官として大きなリスクを冒してまで決断した背景には、何があったのだろうか。

本書では杉原の心の内に分け入ってビザ発給の動機を探り、その謎に迫っていく。そのためには多くの資料や証言などをもとに杉原の行動を見極め、その人となりを分析し、さらに時代背景を知る必要がある。まずは杉原の生い立ちから見ていこう。

※1　最終目的地に行く途中、第三国を通過する必要がある際に発給されるビザのこと。

第1部　外交官になるまで

外務省留学試験合格頃に撮影された写真
（1919 年）〔杉原伸生提供〕

第1章　出生から青年時代

誕生

一九〇〇年一月一日、杉原千畝《ちうね》は父好水《よしみ》、母やつの二男として岐阜県美濃《みの》市で生まれた。杉原の戸籍には「明治三十三年一月一日、武儀郡上有知町《むぎぐんこうずちちょう》八九〇番戸で出生、父好水届出、同月七日受付入籍」と記載されている。

また、杉原が晩年に書いた手記の中には、「岐阜県武儀郡上有知町の一仏教寺内の借間であった税務官吏の家に生まれた」と記されている。一仏教寺とは、美濃市の教泉寺《きょうせんじ》というお寺のことである。

前年、好水は名古屋税務管理局の税務署員として、前任地の藤枝《ふじえだ》税務署（静岡県）から上有知税務署に転勤していた。好水夫妻にとっては初めての土地であり、幼子の長男豊秋《とよあき》を抱えての赴任だった。一家は、税務署の隣にある教泉寺の庫裏《くり》の離れを借りて、住職の家族と共同生活を送っていた。

親はいつの時代も、子供の名前を付けるときには苦労するものである。好水は千畝が生まれた教泉寺の境内から、眼前に広がる風景を眺めていた。そこは水田と畑が広がる「千畝《ちうね》」という珍しい名の地域だった。「千」という字は数の多いことを表し、「畝」には畑に作物を植え付けるため、間隔をおいて土を筋状に高く盛り上げた所という意味がある。

好水が息子の名前に思いを巡らせていた時、「千畝」という言葉の響きが気に入り、また目の前に広がる台地のように、実り豊かな人生を歩んでほしいとの願いを込めて命名したのではないだろうか。

現在もこの地域には「千畝橋」があり、「美濃千畝町」という名のバス停が残っている。

優秀な小学生

その後、一家は好水の転勤と共に美濃市から福井県の越前町、三重県の四日市市へと転居を繰り返した。一九〇五年十月、杉原家は四日市市から岐阜県の中津川市へと移り、千畝は翌年四月二日に中津尋常高等小学校（現・中津川市立南小学校）に入学した。千畝が入学した当時の児童数は六百三十五人、十一学級であった。

現在の南小学校に千畝の学籍簿《がくせきぼ》が残されている。この学籍簿から、一九〇七年四月には父の転勤で三重県桑名《くわな》市へ転校していたことが分かる。中津川でスタートした小学校生活は、わずか一年間という短いものだった。

桑名市では、兄豊秋と共に桑名町第一尋常小学校（現・桑名市立日進《にっしん》小学校）に転入することになった。残念ながら、日進小学校には千畝の在籍を示すものはない。しかし当時の学校の写真と絵画が残されており、千畝が通っていた頃の正門も保存されていて、当時を偲ぶことができる。

桑名での生活にも慣れた一九〇七年十二月、杉原家に大きな転機が訪れた。それは好水の韓国への転勤であった。好水は朝鮮総督府財務局の前身である統監府度支部《たくしぶ》金城財務署の主事として勤務することになった。好水、三十六歳の時である。

好水は韓国へ単身赴任し、家族は残った。やつは名古屋にいた実弟の岩井國松《くにまつ》を頼ることにした。國松は愛知県八幡村《やわたむら》（現・名古屋市中川区）で建具屋を営んでいた。桑名から引っ越した当初、やつは現在の平和小学校近く（名古屋市中区平和）に子供たちと住んだ。幼い千畝は、自宅から約一㎞先にある古渡《ふるわたり》尋常小学校（現在の名古屋市立伊《い》勢山《せやま》中学校付近）に通うことになった。

名古屋市古渡尋常小時代〔杉原伸生提供〕
千畝（二男、右上）　敏之（四男、左）
一成（五男、右下）

千畝は、小学三年生だった一九〇九年三月一日、学校生活全般において他の生徒の模範となる「操行《そうこう》善良学力優等」の表彰を愛知県から受け、五年生の時には「品行方正、学力優等」で名古屋市などから表彰を受けた。千畝は優秀な成績で小学校を卒業した。

青春時代を過ごした五中

　一九一二年四月四日、千畝は地元の愛知県立第五中学校（現・県立瑞陵《ずいりょう》高校）に進学した。千畝は外交官時代、ロシア語をはじめとする外国語に堪能だったが、最初に触れた外国語は英語だった。

　五中には浦瀬白雨《うらせはくう》と野村傳四《でんし》が、英語教師として赴任していた。彼らは、文豪夏目漱石《そうせき》が東京帝国大学英文科で教鞭を執っていた時の教え子だった。若い教師の授業は個性的で面白く、生徒たちに評判が良かった。二人の教師との出会いは語学への興味を大いに湧き立たせ、後に千畝が外国語を活かせる職業に就きたいと願うきっかけになったと思われる。

　英語に興味を持った千畝の成績は、五中時代の五年間を通して概《おおむ》ね八十点以上だった。また、千畝の性格について成績表の欄に記されているのは、一年生は「温順」、二年生は「誠実ナリ」、五年生には「率直」だった。千畝の青春期の姿を垣間見ることができる。

五中時代（中列右から２人目）〔愛知県教育委員会提供〕

五中時代〔愛知県教育委員会提供〕

千畝が卒業する約一年前の一九一六年、母やつは好水の単身赴任先である朝鮮の京城府《けいじょうふ》（現・韓国ソウル特別市）に家族を連れて引っ越した。卒業を控えていた千畝だけが残り、現在の名古屋市中川区五女子《ごにょうし》にあった下宿先から学校に通った。小学生の時は、自宅から徒歩で十五分くらいの距離を通学していたが、この五女子から中学までは片道で約五㎞あり、徒歩で一時間あまりかかった。千畝は雨の日も風の日も勉学のために通い続けた。

一九一六年七月、五年生の千畝は母やつに絵ハガキを送った。それは、息子の独り暮らしを心配していた母から届けられた差し入れへの返事だった。そこには、県下で伝染病患者が増えている様子や、今年の夏は大した暑さではないので過ごしやすいと近況が報告されていた。母やつの優しい気遣いに対して、心配をかけたくない千畝の気持ちが込められた便りだった。

千畝は晩年、名古屋市在住の五中時代の同窓生に宛てて「来年こそは、十一年間のモスクワ生活から足を洗い、同窓諸兄との半世紀前の懐古談を頼みたいと願っています」とモスクワからハガキを送った。また、世話になった岩井國松宅を訪れ、五中時代に自分が暮らした場所を教えてもらっている。

名古屋での五中時代は、千畝にとって何物にも代え難い青春の思い出であったに違いない。

憧れの東京・早稲田大学

一九一七年三月、五中を卒業した千畝は家族が住む朝鮮の京城府へ行くことになった。京城では、両親から医学専門学校の受験を勧められ、母やつは試験当日に特別な弁当を持たせて送り出した。しかしどうしても医者になるのが嫌だった千畝は、受験せずに弁当だけ食べて帰宅した。

父は医師になるよう勧めたが、千畝は英語を活かせる職業に就きたかった。意見の相違から両親のもとに居づらくなった千畝は、家を出ることにした。京城から下関を経て、かねてから憧れていた東京を目指した。一九一八年四月、千畝は早稲田大学高等師範部英語科に入学した。東京で大学という学歴を得て、英語を駆使する職業に就く将来像を描いていた。早稲田大学への入学は、千畝の人生において第一の転機となった。

千畝は満洲に留学している時に「受験と學生」という雑誌に寄稿し、中学卒業の学歴だけでは貧弱であり、とても人と交わって話ができないと悟ったから受験した、と自らの動機を語っている。憧れていた東京の早稲田大学に無試験で入れたことを素直に喜び、さらに師範部英語科を選んだ理由として、「中学の教員になるつもりはないが、英語が他の科目よりも好きで、英語を毎日しゃべる職業に就くのが何だか開けている人間のすることのように思われた」と述べている。

早稲田に入学して一年が過ぎた一九一九年五月下旬、地方新聞に掲載された外務省留学生採用試験の見出しが目に入った。千畝は父の願いと違った道を選び、勘当同然となって家を出たために仕送りも当てにはできず、アルバイトに明け暮れる苦しい生活をしていた。千畝は留学生試験の記事を見つけた時の心境を、次のように記している。

「さあ、えらいものに出っくわした。人となり気の変わりやすい私、さらに隠居でさえ浮かれ出して、ひょうたんを腰にぶら下げという時節、どうしてじっとしていられようや、運がよければ出世の近道が開かれると思うと、野心がむらむらと起こり、猶予なく図書館に飛び込み官報を借用、続いて先ず驚いたのが試験まで余すところ一カ月しかない」

千畝にとって、その後の人生を大きく左右する重大事との遭遇であった。

外務省留学生試験

千畝が外交官としてスタートラインに立つことになる外務省留学生とは、外国の語学を専攻させて書記生を養成する目的だった。一九一九年七月に始まる留学生試験までの準備期間は少なかったが、試験に合格して留学生になれば、学資をもらって好きな語学の勉強ができ、そして外交官への道が開かれる。それは今の苦学生という状況から抜け出せる千載一遇のチャンスでもあった。

千畝は図書館へ行き、官報で試験内容を改めて確認した。それから千畝は、外務省の人事課に所定の書類を直接届けた。一週間ほど経つと受験通知が届いた。七月三日の体格検査から始まり、五日の邦文・外国語による作文と外国語解釈、週明け七日には外国語書取りと外国語会話、九日は法学通論と国際公法大意、十日は経済学大意と世界歴史という日程だった。

試験まで一カ月あまりしかなく、計画的に準備を進めるためにまず一週間の時間割を作成した。日曜日には大学の図書館で英字新聞の「ロンドンタイムズ」「デイリーメール」および米国発行の雑誌を読み、日本の新聞の社説を英訳した。法学通論、国際公法、経済学などは旧制中学で学ばなかったが、すぐに古本を購入して対策を講じ、試験に臨んだ。

試験から一週間ほど経った七月十六日、千畝に一通のハガキが届いた。外務省の人事課からの呼び出しだった。翌日、外務省へ出向いた千畝は担当者から、今回十四名の合格者の中からシナ語(中国語の旧称)五名、ロシア語三名、シャム(タイ国の旧称)、オランダ、ポルトガル、スペイン、ブラジル、トルコ語の希望者を各一名ずつ採用するとの説明を受けた。しかし合格者の半数以上が定員一名のスペイン語を希望し、ロシアおよびシナ語は定員に達しなかった。そこで担当者から紙を渡され、第一から第三までの留学志望国を書くよう求められた。

千畝の第一志望は当初スペイン語だったが、人事課長との話し合いの結果、仕方なくロシア語に変更した。ちなみにロシア語の他の二名は岡谷英太郎と坂部源吾だった。この時の志望国の変更が、その後の千畝の外交官人生を、ひいては人生そのものを決定づけることになった。この留学生試験は、千畝の人生において第二の大きな転機となった。

第2章　満洲時代

ハルビンでの留学

一九一九年九月二日、外務省から再び呼び出しを受けた杉原は、留学生辞令と学資給与の辞令を人事課長から受け取った。杉原は、この時に初めて留学先が満洲のハルビンだと知らされた。ロシア語の研修先は本来ならソ連だが、ロシア革命に際して日本がシベリアに出兵して軍事干渉を行なっており、日ソは交戦状態にあったためソ連に留学生を送ることはできなかった。

ハルビンは、現在の中華人民共和国黒竜江省《こくりゅうこうしょう》の中南部、松花江《しょうかこう》の河畔に位置し、ロシアに隣接した北満洲の商業の中心地だった。また、ロシア革命によって流入した亡命ロシア人の活動の中心地でもあった。そのためハルビンには巨大なロシア人社会が作られ、歴史的にも特異な町だった。ハルビンにはロシア語の専門学校はなかったが、ロシア人が多く住んでいたため、言葉を習得するにはうってつけの環境だった。十月中旬、杉原はまだ温かさの残るハルビンの地に赴《おもむ》いた。

ハルビンでは、対ロシアの人材を育成するための機関である日露《にちろ》協会学校（後のハルビン学院）が開校されたが、それは杉原が現地入りした翌年の一九二〇年九月二十四日のことである。そのため、杉原はこの学校に入学することができなかった。

杉原は到着早々ロシア人の家庭に寄宿し、ロシア語に馴染もうとした。さらに個人教師を雇ってロシア語の文法を勉強した。すると半年も経たないうちに日常会話に不自由することはなくなり、ロシア語の新聞を拾い読みできるまでになっていた。

ハルビン時代〔杉原伸生提供〕

杉原がハルビンの日本総領事館を手伝っていた時、大勢のロシア人が日本のビザを求めてやって来るのを目の当たりにした。しかし、総領事館にはロシア語を知る者が数人しかいなかった。そもそもロシア語を勉強しようとする日本人が少なかった時代である。ハルビンに滞在してわずか半年の杉原は、このような状況を見て、自ら志望したわけではなかったロシア語の必要性と将来性を感じた。

自宅で勉学に励む留学生には、総領事館で定期的に試験が行なわれた。一九二二年九月十日、総領事山内四郎から外務大臣内田康哉《やすや》宛てに、留学生のロシア語試験の成績が報告されている。この中で杉原の成績総評は八十二点となっていて、特にロシア語和訳とロシア語会話の評価が高かった。また報告書の中には、総領事館に勤務する傍《かたわ》ら、九月から日露協会学校へ聴講生として通っていることが記載されていた。この後、杉原は一九二九年四月から約三年間、日露協会学校でロシア語担当講師として教鞭を執ることになるのである。

入隊そして母やつの死

一九二〇年十二月一日、杉原は留学を一年間中断し、一年志願兵として龍山《ヨンサン》（現・韓国ソウル特別区）の第二〇師団歩兵第七九連隊第九中隊に入隊した。当時、徴兵年齢に達した男子は本籍地に戻り、検査を受けて当該地の連隊へ入隊するのが一般的だった。しかし、杉原は本籍地の岐阜県には戻らず、朝鮮京城府にある部隊に入隊した。

前年の十一月二十六日に改正された一年志願兵に関する法律によると、満洲に居住する者はハルビンにある帝国領事館、もしくは朝鮮、満洲にある軍隊で身体検査を受けることができる、とある。ハルビンに留学していた杉原は、当地で徴兵検査を受け、歩兵第七九連隊に入隊することになった可能性

朝鮮の歩兵第79連隊に入営
（中列左から2人目）〔杉原伸生提供〕

が高い。[※1] このことが、母やつの死去に際して大きな意味を持つことになる。

一九二一年八月八日、杉原が入隊した翌年にやつは朝鮮京城府で亡くなった。四十三歳だった。やつは、一八七八年七月十九日に岐阜県の八百津町《やおつちょう》で生まれた。同じ村の出身だった好水との間に、長男豊秋を筆頭に五男一女の母として子供たちを立派に育てた。子供たちもそれぞれ成長し、これからという矢先の異国での死は、やつにとっても心残りであったに違いない。

翌八月九日、浄土宗開教院《かいきょういん》で営まれた葬儀は、当地においても稀に見る盛大なもので、寺院内は

杉原やつの葬儀〔杉原伸生提供〕

葬儀に集まった杉原一家（京城の実家前、後列中央が千畝）〔杉原伸生提供〕

母やつ〔杉原伸生提供〕

大勢の会葬者であふれていた。好水が桑名から朝鮮へ転勤した後、税務署を辞めて始めた旅館業で成功を収めていたこともあり、これだけ大きな葬儀が営まれた。

葬儀の際に撮られた写真には、やつの棺が乗った葬送の車の前で、位牌を持つ長男の豊秋、五男の一成《いっせい》、長女の柳子《りゅうこ》、そして軍服姿の千畝が写っている。千畝は京城の連隊に入隊したお陰で、母の最期を看取り、葬儀にも間に合うことができた。

八月十二日付の千畝の日記には、母を亡くした心情が記されている。千畝は母の死を「嗚呼《ああ》無情なこの世よ」と嘆き、胸の中の悲しみを切々と綴っていた。「母上の許に侍《はべ》ることができないかと思うと悲しくなる」「何度も何度も眺めても飽きないのは母上の写真である」

千畝は、母やつを失ってその愛情の深さと存在の大きさに気づいた。二十一歳の千畝の心の中には、亡き母への思慕が深く刻まれていった。

※１　杉原の軍歴を記した「軍籍簿」が、本籍地である岐阜県に保管されている。巻末資料①参照。

ハルビン日本総領事館

母の死から明けた一九二二年四月、杉原は召集解除によって京城からハルビンに戻った。自宅ではロシア人やフランス人教師からロシア語などの学びを続けていた。午前中はハルビン日本総領事館を手伝い、午後からは日露協会学校の聴講生として勉学に励む毎日だった。

一九二三年三月三日、杉原に満洲里《まんしゅうり》への転学命令が出された。この転学の措置には理由があった。前年十二月に成立したソビエト連邦は、白系ロシア人[※2]を敵対視していた。そのため日本の外務省は、白系ロシア人たちと関わりがあったハルビンの留学生を分散させようとしたのである。

三月三十日、杉原はハルビンから満洲里へ出発し、翌三十一日に到着した。満洲里では、ハルビン同様に領事館を手伝いながらロシア語を学んだ。そして翌一九二四年二月八日、満洲里の日本領事館で外務書記生として採用された。同時に本省での研修のため帰国を命じられた。

杉原は二月二十二日に満洲里を出発する際、かねてから交際していたアポロノワ・クラヴディヤ・セメノヴナ[※3]との国際結婚の許可願いを松井慶四郎《けいしろう》外務大臣に提出した。その後ハルビンの総領事館に立ち寄り、山内総領事に婚姻届を提出。三月五日に東京へ到着し、本省での研修が始まった。

外務省で十カ月あまりの研修を終えると、杉原はハルビンの日本総領事館への勤務を命じられた。一九二五年一月三日に東京を出発し、十三日にハルビンへ着任した。すでにクラヴディヤとの入籍を済ませていた杉原は、新婚生活を住み慣れたハルビンでスタートさせた。

ハルビンの日本総領事館での仕事で特記すべきは、二つの大著をまとめていることである。一九二六年十一月の報告書『「ソヴィエト」聯邦《れんぽう》国民経済大観』（全六〇八頁）、そして一九二九年八月の『「ソヴィエト」聯邦ノ外交十年史』（全三八七頁）である。特に『経済大観』は入手困難なソ連の資料を集め、的確な分析で経済事情を多角的にまとめた労作だった。この経済大観は外務省内でも高い評価を受け、一九二七年に外務省欧米局で活字製本され、省内に配布されたほどだった。

ハルビンの日本総領事館では、後に深く関わることになる二人の人物との出会いがあった。一人は新しく総領事として赴任した大橋忠一《ちゅういち》、もう一人は後にウラジオストクの日本総領事館の総領事代理になった根井《ねい》三郎である。

大橋忠一は、一八九三年十二月八日岐阜県生まれで、杉原と同郷だった。一九一八年七月に東京帝国大学を卒業して外務省に入省。一九三一年三月、ハルビンの総領事に就任した大橋は、外務省内で配布されていた杉原の『「ソヴィエト」聯邦国民経済大観』の存在を知っていた。大橋は、杉原の情報収集・分析能力に注目していた。後述のとおり、大橋がソ連との鉄道譲渡交渉を見据えて杉原を満洲国外交部に引き抜いたことを見ても、その期待度が高かったことが分かる。

もう一人の根井三郎は、一九〇二年三月十八日に宮崎県宮崎郡広瀬《ひろせ》村（現・宮崎市佐土原《さどわら》）で生まれた。一九二一年三月、長崎県立大村《おおむら》中学校を卒業し、同年四月の外務書記生試験に合格。五月には外務省

※２　一九一七年のロシア革命後、ソビエト政権に反対して国外へ亡命したロシア人のこと。
※３　杉原家の原戸籍に記載されている名前。

留学生となり、ハルビンの日露協会学校に二期生として入学した。一九二四年三月、同校を卒業した根井は杉原と同時期に外務省で研修を受け、翌年四月にハルビンの日本総領事館での勤務を命じられた。根井はウラジオストクの日本総領事館へ異動するまでの約八カ月間、杉原と席を並べることになった。

根井はその後、ウラジオストクから本省の会計課やイランなどの勤務を経て、一九四〇年十二月にウラジオストクに戻り、日本総領事館の総領事代理となった。そんな根井を待っていたのは、杉原が発給したビザを持ち、ヨーロッパから逃れてきた大勢の避難民だった。

クラヴディヤとの結婚、そして別れ

ここでクラヴディヤ・セメノヴナとの結婚についてもう少し詳しく見ておこう。二人は一九二四年四月七日、正式に結婚した。杉原二十四歳、クラヴディヤは二十歳だった。この時、クラヴディヤは入籍と同時に日本国籍を取得し、日本名で「ユリ子」と呼ばれるようになった。

二人の出会いについては確かな資料などがないために不明だが、クラヴディヤが住んでいたハルビン市外馬家溝《マーヂャゴウ》ダチナヤ街は、ロシア革命以後に白系ロシア人によって建てられた町である。同じ地区に日露協会学校があった。彼女の家は杉原が聴講生として通っていた学校の近くにあり、杉原が積極的に白系ロシア人と関わり、ロシア語の習得に励んでいたことを考えると、彼女との出会いは必然的だったのかも知れない。

先述のとおり、杉原は一九二四年二月八日に満洲里の日本領事館で外務書記生として採用され、正式に外務省の職員となったのだが、この時すでに交際していたクラヴディヤとの結婚を決めていた。満洲里を発つ前に、杉原は彼女との国際結婚の許可願を外務省に出した。当時、外務省職員が外国人と結婚する場合、配偶者の国籍に制限が設けられており、外務大臣の認可が必要だったのである。

本省での研修のために満洲里から帰国する途中、杉原はハルビンに立ち寄った。それは、杉原の帰りを待つクラヴディヤに会い、総領事館へ婚姻届けを提出するためだった。その後、杉原は彼女との別れを惜しみながら東京へと向かった。

本省で研修を受けていた杉原には、一つ気がかりなことがあった。それは、クラヴディヤとの入籍と彼女の日本国籍取得は済んでいたが、外務大臣の結婚認可がなかなか下りてこないことだった。結婚相手がソ連から

クラヴディヤと母親（1928年、日本にて）
〔杉原伸生提供〕

亡命した「白系ロシア人」であっても、外務省にとっては彼女の家族などの身辺にも注意を払う必要があった。

本省での研修が終わった一九二四年十二月十五日、杉原はハルビンの日本総領事館への勤務を命じられた。その直後の十二月二十六日、幣原喜重郎《しではらきじゅうろう》外務大臣から国際結婚の認可が下りた。提出から実に十カ月あまりの後、晴れてクラウディヤとの結婚が認められたのである。年が明けた一九二五年一月三日、杉原は東京を発ち、妻が待つハルビンへと向かった。

ハルビンでの二人の生活は順風満帆に見えたが、一九三二年六月に杉原が満洲国外交部に移籍したことにより、雲行きが怪しくなってきた。杉原とクラウディヤとの間には二つの問題があったと考えられる。

一つは、交渉のための有益な情報を得るための方法にあった。杉原は当時、ソ連との北満《ほくまん》鉄道※4の譲渡交渉に携わっていた。交渉を有利に進めるため、ソ連が所有する鉄道の状況や資産価値などを調べていた。杉原はその情報源として、妻との関係が深い白系ロシア人社会と独自のネットワークを構築していたと考えられる。このことが、夫婦の間に何らかの問題を引き起こしていたと思われる。

もう一つは、白系ロシア人である妻自身の存在である。杉原は、妻を通じて満洲国の情報をソ連側に流しているという疑いをかけられていた。杉原はソ連との鉄道譲渡交渉で大きな結果を残していたため、彼の持つ情報ネットワークに目を付けた関東軍から、多額の報酬と引き換えにスパイ活動の誘いを受けていたと言われている。しかし杉原が頑なに拒絶したため、しびれを切らした関東軍が、妻に嫌疑をかけて揺さぶりをかけたと思われる。彼女は両刃の剣だった。

一九三五年七月一日、ソ連との鉄道交渉を終えた杉原は満洲国外交部を退職し、外務省に戻った。そして同年十二月三十日、クラヴディヤと協議離婚した。離婚の理由は定かではないが、自分のために働いてくれた情報組織の人たちや妻のクラヴディヤを守るためだったのかも知れない。

満洲国での活躍が、自身の外交官としてのキャリアアップになった反面、皮肉にもクラヴディヤとの別れの一因になってしまった。約十二年の結婚生活のピリオドは、杉原が満洲の地に別れを告げることでもあった。杉原は来た時と同じように、単身で日本へ戻っていった。

北満鉄道譲渡交渉

では、北満鉄道の譲渡交渉について詳しく見ていこう。一九三三年六月、杉原が満洲国外交部の書記官として臨んだ北満鉄道の譲渡に関する交渉の結果は、外務省内で高い評価を受けている。自身の外交官としての自信にもなり、その後に赴任する激動のヨーロッパにおいて、情報戦での活躍に繋がる重要な原点となった。

※4　ロシア帝国が満洲に建設したこの鉄道は、時代によって中東鉄道、東清鉄道、北満鉄路あるいは北満鉄道などと名称が変わっている。本書では名称の変更による混乱を避けるため、両国で交わされた協定および議定書での名称「北満鉄道」で統一した。

譲渡交渉となった北満鉄道とは、満洲里からハルビンを経てウラジオストクに繋がる綏芬河《すいふんが》（現・牡丹江市域内の都市）までの本線と、ハルビンから新京（現・長春市）を結ぶ支線のことである。一八九四年七月の日清戦争に勝利した日本は、下関条約によって遼東《りょうとう》半島を手に入れたが、翌年四月にロシア、フランス、ドイツの圧力により、清国に遼東半島を返還せざるを得なくなった。いわゆる三国干渉である。その後、ロシアは遼東半島を取り戻した見返りとして、清国《しんこく》から北満鉄道の敷設権を得たのである。

この鉄道敷設権はロシア側にとって大きなメリットであった。一八九一年から建設が始まったシベリア鉄道において、建設困難なアムール川沿いの路線ではなく、短絡線としてチタから満洲北部を横断し、ウラジオストクへ至るルートを手に入れたのである。北満鉄道は一九〇四年二月にシベリア鉄道と繋げられた。

一九三一年九月、満洲事変により日本の関東軍が満洲北部を制圧。それ以前には、日本がソ連と大陸方面で直接に勢力圏を接触することはなかった。しかし翌年に満洲国が成立すると、日本とソ連の軍隊が国境を挟んで実質的に直接対峙する状況となった。

日本政府は、満洲国の治安・経済の観点から、満洲国内にソ連の鉄道が運行されていることが将来的な支障になると懸念していた。よってソ連が北満鉄道から完全に手を引くことが緊急案件であると考えていた。一方ソ連側でも、北満鉄道については、満洲国の国有鉄道※5の延伸によって客貨の流れが変わり、経営上の赤字が累積し、輸送機関としての地位が低下していたため、満洲国へ譲渡する方向に傾いていた。

一九三二年三月一日、前年の満洲事変を受けて満洲国の建国が宣言され、同月九日に外交部が設置された。満洲国は、関東軍と日本政府によって実質的に運営された傀儡《かいらい》国家だったため、各国は満洲国を承認しなかった。対外機関である外交部は、スタートからこうした問題を抱えていた。

そんな中、一九三二年六月十一日に杉原は外務省を退職して満洲国外交部へ移籍した。ハルビンの日本総領事館時代の上司、大橋による抜擢だった。大橋は三月に満洲国外交部に移っていて、六月には次長となって実質的な責任者となっていた。目前のソ連との交渉に備え、杉原の調査・分析能力を評価した上での決断だった。杉原は大橋の下でソ連との交渉に臨むことになった。

一九三三年六月二十六日、霞ヶ関の外務次官官舎の食堂大広間で第一回目の会談が開かれた。満洲

北満鉄道譲渡交渉第一回会議（右側手前から4人目が杉原）〔写真印画、連合写真部発行〕

※5　満洲国交通部が主に満洲中部・北部に所有していた鉄道。通称「国線」。

国側からは駐日公使丁士源《ていしげん》、外務次長大橋忠一、ソ連側からは駐日大使コンスタンチン・ユレーネフ、外務人民委員会極東課長カズロフスキー、北満鉄道副理事長クジネッオフ、そしてオブザーバーとして日本政府から外務省欧州局第一課長西春彦《にしはるひこ》、陸軍省軍務局員鈴木貞一《ていいち》中佐が出席していた。この時、杉原は通訳を兼ねた書記官として参加した。

しかし当初からこの交渉は困難を極めた。鉄道売却に伴うソ連側の提示金額は二億五千万ルーブル※6で、対する満洲国側は五千万円だった。双方の金額の隔たりは、この交渉がいかに前途多難なものかを暗示していた。

交渉が一時中断したこともあったが、一九三五年一月二十二日に最終的な詰めの協議が終わり、双方の歩み寄りによって意見の一致を見た。同年三月二十三日に東京市において正式に調印され、第一回の正式交渉から約一年九カ月を経て北満鉄道の交渉は終了した。

通訳兼書記官だった杉原がどのような役割を果たしたのか、記録には残されてはいない。しかし大橋が単に通訳として杉原を外交部にスカウトしたとは思えない。杉原の役割は、譲渡交渉を有利に進めるための、ソ連に関する情報の収集と分析であったことは間違いないだろう。

この交渉の中で、杉原にまつわる興味深いエピソードがある。交渉に臨んだ大橋は後年、杉原について「ソ連との第二回会談は六月二十八日だった。買収価格の問題を協議した。ソ連側は、買主の満洲側から切り出せという。私は売り手から切り出すのが常道だという。最初からゴテついた。長時間粘ったが埒《らち》があかない。ついに私は、『面倒だ。日本式のジャンケンポンで双方同時に価格を出そう』

と申し出た。ジャンケンポンの通訳には熟練の通訳官も困ったらしいが、やっと通訳した。これにはソ連も大笑いして、第三回会談で双方同時に価格を出そうということになった」と語っている。

唐突な大橋のジャンケンポンの提案だったが、ソ連側も大笑いしたところを見ると、杉原の通訳は見事なものだったと思われる。

外務省へ復帰

一九三五年七月一日、杉原は譲渡交渉が終了するのを待っていたかのように、満洲国外交部を退職した。この時、杉原は総務課の計画課長兼政務課のロシア課長の要職にあった。このまま外交部に留まれば出世の道も開けていたと思われる。しかし鉄道交渉の過程で満洲国の内実がだんだん見えてきたことと、若い軍人が狭い見識で無理やり事を運ぶことに嫌悪感があって、本省への復帰を希望した。杉原は軍人のやり方に批判的であり、職業軍人に利用されることを嫌っていた。

杉原は、満洲のハルビンでの留学生時代から総領事館勤務を通して、基礎的な知識を蓄えていた。そこで身につけた情報収集・分析能力を磨き、実践したのが満洲国外交部だった。この交渉により、あらゆる情報の収集と的確な分析こそが外交官にとって有益なツールであり、それを活用することが国益に繋がることを学んだ。それが後に活かされることになるのである。

※６　『外務省百年史』によると、当時の邦貨で六億二千五百万円。

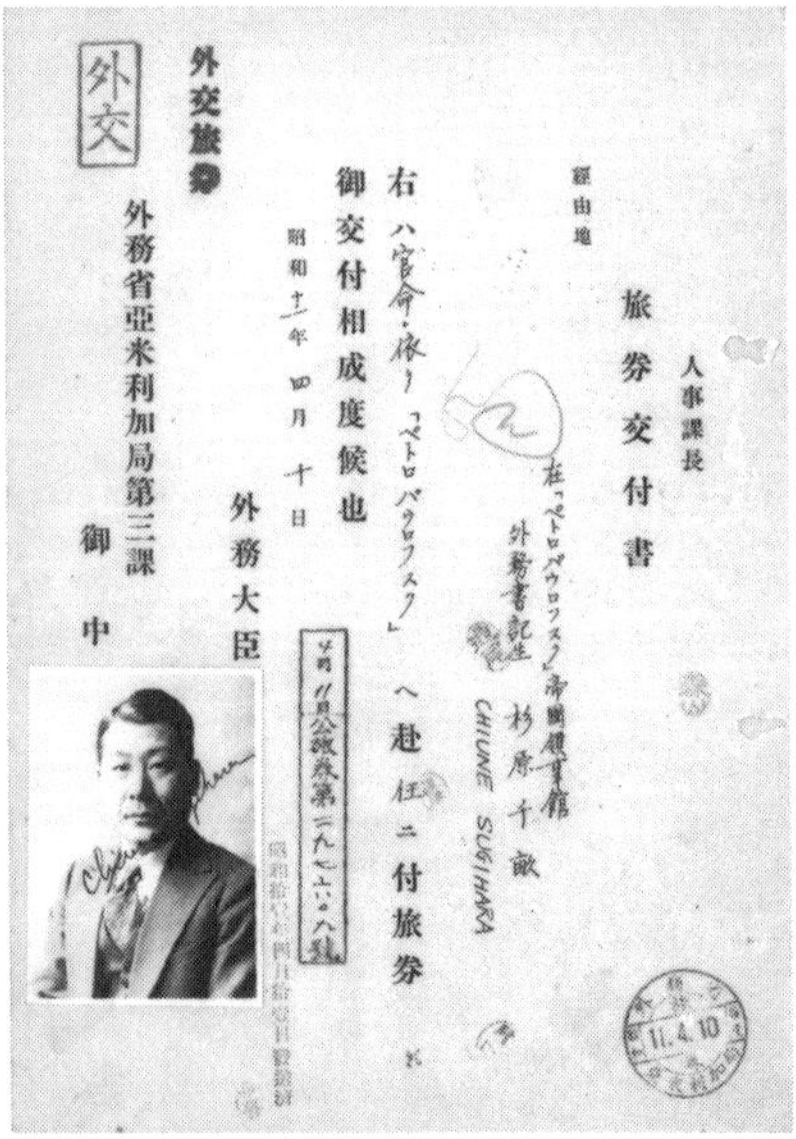
人事課長
経由地
旅券交付書
在「ペトロパヴロフスク」帝国領事館
外務書記生 杉原千畝
CHIUNE SUGIHARA
右ハ官命ニ依リ「ペトロパヴロフスク」へ赴任ニ付旅券
御交付相成度候也
昭和十一年四月十日
外務大臣
外交旅券
外務省亜米利加局第三課
御中
外交

外交旅券交付書〔外交史料館所蔵〕

一九三五年七月七日、杉原は満洲を後にした。留学生としてハルビンに赴いてから約十六年間の満洲生活に別れを告げて帰国した。外務省へ復帰した杉原は、情報部第一課勤務を命じられた。そしてこの年の暮れ、クラヴディヤとの結婚にもピリオドを打った。

翌年四月八日、杉原は新たな赴任先として、ソ連のカムチャツカ州にあるペトロパヴロフスクの日本領事館へ勤務を命じられた。北満鉄道交渉で見せた杉原の手腕が見込まれ、この後のソ連との漁業協定に向けて、困難が予想される交渉を有利に進めるための配置だったと考えられる。ちなみに、この時ペトロパヴロフスクの領事だった田中文一郎《ぶんいちろう》は、杉原がハルビンから満洲里の領事館へ転学した際の領事代理だった。久しぶりに再会した二人は、満洲での思い出話に花を咲かせたかも知れない。

ペトロパヴロフスクでの仕事を終えた杉原は、一九三六年九月二十二日に東京へ戻った。自宅へ戻ると、再婚していた幸子《ゆきこ》（旧姓・菊池）が二日前に長男弘樹《ひろき》を出産していた。杉原にとって初めての子供であり、嬉しさも一入《ひとしお》だったろう。しかしその喜びも束の間、二十六日には北海道へ出張するなど多忙な毎日を過ごしていた。

暮れも押し迫った十二月二十六日、杉原はソ連・モスクワにある日本大使館での勤務を命じられた。しかし、ソ連政府からは杉原の入国ビザ発給を拒否するとの通告を受けた。ペルソナ・ノン・グラータ[※7]と名指しされたためである。ソ連から入国を拒否されたことは、その後の杉原の外交官人生に大きな影響をもたらすことになった。

※7　ラテン語で「好ましからざる人物」という意味の外交上の用語。

第3章　外交官時代

ペルソナ・ノン・グラータ

一九三六年の暮れ、杉原はソ連・モスクワの日本大使館の二等通訳官に任命されたが、翌年一月下旬になってもソ連政府から入国ビザは発給されなかった。杉原は二月六日、家族と共に敦賀からウラジオストクへ出航する予定だった。外務省は二月二日、ソ連政府に対してビザ発給を督促するようモスクワの重光葵《しげみつまもる》大使に命じた。

二月五日、重光大使から極秘扱いで林銑十郎《せんじゅうろう》外務大臣に電信が届いた。ソ連政府が杉原と反革命軍（白系ロシア人）の繋がりを指摘しているとの内容だった。重光大使はソ連政府に対して、館員のビザ発給拒否は先例がなく、杉原に「ペルソナ・ノン・グラータ」の問題はないと説明した。しかしソ連側は、関係官庁で慎重に審議した結果、杉原の個人的な理由からビザ発給の拒否を決定したと回答した。

この回答に対し林外務大臣は、ソ連政府の措置は理不尽であり、曖昧な理由で外交官の入国を拒絶するのは国際慣例上異例のことであると強く反論。また、杉原が以前カムチャツカ州の在ペトロパヴロフスク日本領事館に在勤した際には入国が許可されたことに触れ、今回の拒否は矛盾していると抗議した。さらに林外務大臣は、それでもソ連政府が拒否するならば、日本へ赴任するソ連の外交官に対して「悪しき前例」になると警告するよう重光大使に指示した。ソ連への報復措置を示唆したのである。この問題は、いよいよ泥沼化の様相を呈していた。

二月十六日、ソ連政府からの回答が重光大使を通じて外務省に届けられた。杉原はハルビン時代、ソ連が最も敵対視する白系ロシア人と密接な関係を持っていたことは看過できないとの主張だった。また日本側が指摘する、ペトロパヴロフスク領事館赴任時の許可について、ソ連政府はそのようなことを言われる筋合いはないと一蹴した。

これに対して外務省は、杉原からの聴き取り調査[※1]を踏まえた上で回答した。杉原はハルビン在住中、公務および語学研究のために白系ロシア人と接触したのは事実だが、政治的な関係はなく、行動を共にしたこともないと弁明した。また、杉原は職務を遂行するために白系ロシア人と接触したのであり、反ソの白系ロシア人と積極的に関係を持ったと指摘するのは事実無根であると反論した。さらに今回のソ連政府の措置は遺憾であり、今後日本へ赴任するソ連の外交官にも影響が及ぶだろう、と再び報

※１　一九三七年三月十五日頃に「杉原通訳官の対白系ロシア人接触事情」という調書が作成されている。

復をにおわせた。

日本からの反論に対してソ連政府は、杉原へのビザ発給拒否は確実な材料によって慎重に決定されたことであり、杉原の入国はソ連の安寧秩序に害があると強い言葉で返してきた。また、この決定はソ連政府の絶対確定的なものであると結論づけ、本件の打ち切りを通告した。

結局、杉原に対してソ連の入国ビザは発給されなかった。ソ連政府はあくまでも、杉原には白系ロシア人との特別な関係があるからだと主張した。しかし、その関係がどのようなものであり、ハルビンで杉原のどのような行動が問題だったのか、具体的に言及することはなかった。

先述のとおり、杉原は外務省での調書で白系ロシア人との接触は認めていたが、深い関わりについては否定している。ではソ連政府が杉原へのビザ発給を頑なに拒否した本当の理由は何なのか。それは、杉原が満洲での鉄道譲渡交渉の際、情報収集のために白系ロシア人との間に構築した情報組織の存在だったと考えられる。

ソ連との北満鉄道をめぐる交渉の中、機関車や貨車などが満洲からソ連領内に運び出されるという〝搬出事件〟が起きた。その際に杉原は、白系ロシア人と一緒に搬出された鉄道車両を調べ上げ、その資産価値などの詳細を手に入れ、その後の交渉を有利に進めていた。その傍証として、当時、満洲国外交部でアルバイトをしていたハルビン学院生徒の笠井唯計《かさいただかず》の証言が残されている。彼は新聞のインタビューで、杉原について「ソ連がどれだけの貨車を持ち出したとか、北満鉄道の内部のあらゆることを自分の諜報網を使って調べ上げてしまったんです」と答えている。

赴任する杉原が、ソ連領内に情報網を張り巡らして増殖するようなことになれば、ソ連政府としては看過できず、国益にも影響が及ぶことを警戒したのかも知れない。ソ連政府は満洲での杉原の情報活動を把握しており、その危険性を十分に認識していたと思われる。杉原はソ連にとってはまさに「好ましからざる人物《ペルソナ・ノン・グラータ》」であり、脅威の存在であった。

カウナス日本領事館の開設

ソ連に入国を拒否された杉原は、一九三七年八月十二日、北欧のフィンランド・ヘルシンキにある日本公使館への在勤を命じられた。八月十九日、杉原は家族を伴って東京を出発したが、シベリア鉄道を使うことができなかったので、海路シアトルへ向かった。シアトルから鉄道でニューヨークへ行き、そこでドイツの客船「ブレーメン」に乗り、ドイツ西部のブレーマーハーフェンへ入港。そこから国際列車に乗り換え、九月十五日にヘルシンキの日本公使館へ着任した。赴任には妻の妹菊池節子《せつこ》が同行していたとはいえ、一歳に満たない息子弘樹を抱えての約一カ月の移動は大変な旅だった。

フィンランドでの生活は、外交官として妻同伴でパーティに出席するなど多忙な毎日だったが、一九三八年十月には二男千曉《ちあき》が生まれるなど、穏やかな生活が続いていた。しかしナチス・ドイツが台頭し、一九三八年三月十三日にオーストリアを併合、続いてチェコスロバキアが解体され、翌年四月二十八日にはポーランドとの不可侵条約を一方的に破棄するなど、公使館を取り巻く環境は次第に変わっていった。

こうした不穏な状況下の一九三九年七月二十日、杉原に異動の命令が下った。次の赴任先はリトアニアのカウナスだった。

当初、杉原はカウナスへの異動について懐疑的だった。リトアニアの業務は隣国ラトビアにある公使館の管轄であり、当地に日本人もほとんどおらず、直接の経済的取引もほぼ皆無だったからである。さらに杉原への命令は、これまで日本の公使館も領事館もなかったところに、領事館を新たに開設するというものだった。これには陸軍、特に参謀本部の意向が背景にあったようである。

一九三九年五月、満洲国とモンゴルの国境において日本軍とソ連軍が武力衝突するというノモンハン事件が起きた。外務省は外交交渉による解決策を模索し、ソ連に関する情報収集が重要課題となった。そこで、杉原を含めた五人の対ソ専門の情報外交官をその周辺国に配置した。ノモンハンの戦闘は、九月十五日の停戦合意まで続いた。停戦後もソ連は日本軍に対する警戒心を一層強め、シベリア・ザバイカルの軍備を順次増強していった。日本軍も国境に兵力を残してソ連軍との対峙を続けた。

一九三九年八月二十八日、杉原は副領事として家族と共にカウナスへ着任した。四日後の九月一日、ドイツ軍がポーランドに侵攻、そして十七日にはソ連軍がポーランドの東部へ進軍を始めた。カウナスに赴任した杉原の任務は、ソ連の動静を探ることだった。日本政府にとって、ソ連の動きは満洲および南方方面（インドシナ半島などの南方地域）の戦略的観点から重要な意味を持っていた。

杉原はカウナスのホテルに滞在しながら、まず活動拠点となる領事館の物件探しを始めた。九月十四日、杉原は阿部信行《のぶゆき》総理大臣兼外務大臣に宛てて、市の中心から約九百m東側の高台に三階建ての

リトアニア・カウナスの日本領事館外観（1940年）〔杉原伸生提供〕

家屋を見つけ、家主と交渉中の旨を報告した。九月二十五日、この場所にカウナス日本領事館が開設された。ちなみにこの建物は杉原千畝顕彰施設「杉原記念館」（杉原ハウス）として今も残されている。

杉原が赴任した直後、日本という国を知らないばかりか、日本人をほとんど見たことのないカウナス市民にとって、杉原一家は興味の的となった。一九三九年十一月十二日と十九日、杉原へのインタビュー記事が地元の週刊新聞「セクマディエニス」（「日曜日」の意）に掲載された。日本人に初めて接した記者は、領事館の執務室で出迎えた杉原の印象を「背が低く黒髪で、黄色人種全員を代表する者として、ふさわしい風貌のジェントルマン」と記し、「彼は美しく正しい、いかなるアクセントもないロシア語を話し、また私の興味ある質問に、すべて答えることにも快く同意してくれた」との好印象を記事にしている。

領事館前での記念写真（1940年）〔杉原伸生提供〕

杉原への質問は、日本人の生活や習慣、日本の国歌や国旗にまで及んだ。杉原はそれらの質問に丁寧に答えた。だがロシア語に関しての質問に「ロシアには一度も住んだことがなく、ロシアの国のことは知らない」と答え、「ロシア語は日本で学んだ」と述べた。日本の満洲政策において国際連盟を脱退した経緯もあり、面倒な質問を避けるためにあえて満洲のことには触れなかったようである。

杉原は自らの任務について、あくまでも表向きの活動を説明した。当然のことながら、カウナスに赴任した本来の目的である情報収集活動に関することは、おくびにも出さなかった。杉原は、いついかなる時でも、たとえそれが相手へのリップサービスであっても、少しの脇の甘さが外交官にとって命取りになることを知っていた。それは、満洲での鉄道譲渡交渉の時に学んだのかも知れない。

領事館の開設を終えた杉原は、ソ連軍の侵攻によりポーランドからリトアニアに返還されたヴィリニュスという町へ出かけた。情報提供者（スパイ）と会ってソ連などの情報を集めるためだった。杉原はすぐに本来の活動を始めていた。

領事館開設から十カ月が経った頃、思ってもいない難題が降りかかった。一九四〇年七月中旬、ポーランドから逃げてきた大勢のユダヤ避難民が、日本の通過ビザを求めて領事館を取り囲んだのである。

プラハでもビザ発給

リトアニアのカウナスでのビザ発給は第2部で詳しく述べるので、ここではカウナスから異動したプラハでのことを先に見ていこう。カウナスの日本領事館に避難民が集まり始める一カ月前の六月十五日、ソ連はリトアニアに侵攻し、八月三日にリトアニアを併合した。杉原は、ソ連当局や外務省から領事館を閉鎖するよう何度も通告を受けていた。

一九四〇年八月二十九日、杉原には次の任地としてチェコのプラハへの異動命令が発令された。九月四日にカウナスを発ち、ベルリンに立ち寄った後、九月十二日にプラハへ着任。前任者は総領事代理の市毛孝三《いちげこうぞう》だった。市毛は一九三九年六月から一年あまりの勤務を終え、一九四〇年十一月に日本へ帰国した。

一九四一年一月十五日、杉原は松岡洋右《ようすけ》外務大臣に宛てて、「ドイツのボヘミヤ・モラヴィア保護領の統治業績並びにチェコ民族の対ドイツへの感情に関する件」と題して、チェコにおけるドイツ軍と地元の状況について報告した。その中のユダヤ人に関する項目で、「ドイツ側が旧法律の改正の手始めとして、ユダヤ人排斥の法律を制定したことにより、ドイツ国内と同じように規制を行ない、この法律によってユダヤ人は、すべての官公庁の公職やその他の職業（特に医薬業、法律業、技術、獣医業）に就くことが禁止された」とユダヤ人の置かれた現状を報告している。

また、事実上ドイツに占領されていたチェコの保護領政府については、「ドイツ側の顔色を窺い、協調と妥結の建前を採っていた」とし、一般市民については「出版や集会の自由を極度に制限されているため、その真意は現状においては不明だが、概《おおむ》ね保護領政府と同じようだ」と分析した。杉原はその他にも、ドイツの統治方針や財政、経済上の措置、さらに日用品や家屋賃料、そして労働者や農民の生活状況などについても詳細に報告した。

杉原によると、チェコにおけるドイツのユダヤ人政策は過酷なものだった。公職をはじめとする多くの職業に対して厳しく制限したばかりではなく、ユダヤ人企業を没収し、銀行や主要産業などを彼らから取り上げた。ユダヤ人はすべてを奪われ、コミュニティは崩壊し、地獄のような状況下に置かれていた。

外務省の外交史料館には、プラハの杉原がビザ発給について松岡大臣に宛てて報告した調書「査証（ビザ）調書並発給表送付ノ件」が残されている。それによると、プラハの総領事館では一九四〇年一月十八日から一九四一年二月二十六日までに、百五枚のビザが発給された。市毛は三十七枚のビザを発給し、杉原は六十八枚だった。そのうち九十五枚がユダヤ人に発給されている。また、発給を受けた人のほとんどがドイツ国籍であり、渡航先は上海、アメリカ、ウルグアイ、アルゼンチン、日本など十一の国と地域にわたっており、その多くが日本通過ビザだった。

市毛と杉原が発給したビザにより、果たして何人のユダヤ人が助かったのか、カウナスと同様、正確な数は不明である。ただ、後に残された多くのユダヤ人がナチスによって虐殺された事実を考えると、プラハでのビザも歴史的に大きな意味を持っている。

ケーニヒスベルクで独ソの情報収集

杉原はプラハの日本総領事館を閉鎖し、リトアニアの南に位置する東プロイセンのケーニヒスベルクの日本領事館に赴任した。一九四一年三月六日のことだった。前年八月三日にソ連がバルト三国（エストニア、ラトビア、リトアニア）を併合したことにより、それぞれの在外公館を閉鎖しなければならない状況となった。この状況の打開策として、来栖《くるす》三郎駐ベルリン大使が松岡外務大臣に新たな情報収集の拠点として提案したのが、東部ドイツの政治・経済の中心地であり、ドイツやソ連、そしてポーランドなどの情報収集において、地理的にも便利なケーニヒスベルクだった。来栖大使は、対ソ情報の収集地として、また今後のドイツ・ソ連関係の観察拠点として、早急に総領事館を開設するよう松岡大臣に強く訴え、情報収集能力を高く評価していた杉原の赴任を進言した。一九四一年二月二十八日、杉原は東プロイセン・ケーニヒスベルク日本総領事館の副領事に命じられ、プラハの日本総領事館を慌ただしく閉館して、三月六日にケーニヒスベルクへ着任した。

ナチス・ドイツのソ連侵攻が噂されていた一九四一年五月十日、ケーニヒスベルク日本総領事館の杉原から松岡大臣のもとへ一通の電文が送られた。それは、特に軍部が知りたがっていたドイツとソ

ケーニヒスベルクにて（1941年9月）〔杉原伸生提供〕

連に関する情報で、「最近一週間に聞き込んだドイツ・ソ連関係における判断の参考事項」と題されていた。それによると、ドイツ軍の戦車は数日前からリトアニアとの国境線に出動し、ソ連軍と対峙していた。また多くのドイツ将校は、五月末までに地図を判読できる程度のロシア語を習得するよう命じられていた。さらにソ連側の情報として、東プロイセンの無人地帯を拡大して三～五km以内の住民を退去させ、緻密な監視網を構築していた。この報告書の中で杉原は、ドイツとソ連の間で六月に何らかの決定があるようだとして、独ソ戦の開戦を大胆に予測していた。

　杉原は具体的にどのようにして情報収集活動を行なっていたのか。それを裏付ける資料は少ないが、後年に杉原自らが書いた書簡が残されている。杉原がモスクワで川上《かわかみ》貿易株式会社に勤務していた一九六七年頃、質問（質問者不明）に答える形でロシア語でタイプ打ちされた全十頁の書簡である。[※2] これによると杉原は、カウナスやプラハで一緒だったポーランド人秘書レシェク・ダシュキェヴィチ（通称・ペシュ、ポーランド陸軍中尉）を伴い、自動車で国境付近に度々出かけて監視を続けていた。その時、東へ移動を続ける膨大な数のドイツ軍歩兵部隊や装甲部隊の隊列を目にしていた。杉原と協力関係にあったポーランド諜報組織（ペシュが組織）と共にソ連軍やドイツ軍の情報を入手し、自らの目で確かめたドイツ軍の動きをもとに、独ソ開戦を予測したのである。

杉原の情報活動はドイツの外務省や軍関係者の知るところとなり、要注意外交官としてマークされた。ドイツ側からの圧力もあり、一九四一年十一月二十七日、杉原はルーマニアのブカレストにある日本公使館への異動を命じられた。わずか九カ月という短期間だったが、混迷を深めるヨーロッパの最前線で外交官として情報活動に明け暮れた杉原にとって、充実した日々であったろう。十二月十四日、杉原は家族を伴ってケーニヒスベルクを後にした。

ルーマニアで敗戦

一九四一年十二月十九日、杉原はルーマニア・ブカレストの日本公使館に着任した。今回の異動には、東プロイセンの最高権力者でナチ党の要職にあった大管区指導者エーリッヒ・コッホが深く関わっていた。コッホは、杉原がカウナスで多くのユダヤ人にビザを発給したことに不快感を持っていた。また杉原がポーランド諜報組織と共に、ケーニヒスベルクで情報活動を行なっていたことが目障りで

※２　渡辺克義《かつよし》訳『《翻訳》杉原千畝手記』（『北欧史研究』第十五号、バルト＝スカンディナヴィア研究会、一九九八年）より。

もあった。コッホは杉原とこの組織を排除するため、ベルリンの大島浩《ひろし》大使に圧力をかけた。日本政府はドイツ首脳部との余計な軋轢《あつれき》を避けるため、杉原に異動を命じたのである。

この時、杉原に代わって組織のつなぎ役となったのが、佐藤鉄松《てつまつ》だった。彼はプラハの日本総領事館の書記生で、杉原と共にケーニヒスベルクに異動していた。ケーニヒスベルクに残った佐藤は、ペシュとは今までどおり良好な友人関係を維持するよう努力した。その後、ペシュがいつケーニヒスベルクを去ったかは不明だが、杉原が去った後この諜報組織は機能しなかったようである。

ブカレストにて〔杉原伸生提供〕

杉原のルーマニアでの生活は、これまでの緊張感から解放され、家族にとってもフィンランドのヘルシンキ以来となる穏やかな生活となった。家族でドライブに出かけ、冬には子供たちとスキーに興じ、夏は別荘での生活を楽しんだ。

しかし、当初優勢を誇っていたドイツ軍も次第にその戦力を奪われていった。特に一九四一年の冬にソ連との戦いで被った損害は大きく、ドイツ軍の戦力は弱体化していった。

また追い打ちをかけるように、一九四二年六月二十八日、ドイツ、ルーマニア、イタリア、ハンガリーおよびクロアチアからなる枢軸軍がソ連軍と戦ったスターリングラード攻防戦において大敗を喫し、ルーマニアにいた杉原たちにも暗雲が立ち込めるようになった。

一九四四年六月六日、連合軍によるノルマンディー上陸作戦が決行され、八月にはパリが解放された。時を同じくしてソ連軍がルーマニア領内に侵攻すると、枢軸国側にいた国家指導者のイオン・アントネスクらはクーデターにより追放され、ルーマニアはソ連側に寝返ってドイツ軍を攻撃した。杉原のいた公使館も戦局の変化に翻弄された。

一九四五年八月十四日、日本はポツダム宣言を受諾して降伏した。公使館にはソ連軍がすぐに押し寄せ、杉原とその家族は筒井潔《きよし》公使と共に収容所《ラーゲリ》へ送られた。そして帰国するまでの長い間、収容所生活を強いられることになった。

ブカレスト時代〔杉原伸生提供〕

最後に、リトアニア・カウナス日本領事館の杉原千畝として知られている写真（上）について言及しておく。これが撮影された場所はリトアニアのカウナスではなく、ルーマニアのブカレストである。本書の発刊に際し、写真の選定作業の過程で判明した。この写真は新聞をはじめメディアや書籍、教科書などでも誤って紹介されているため、ここに訂正する次第である。

第2部　杉原ビザの役割

リトアニア・カウナス日本領事館前でビザ発給を
訴えるユダヤ人たち〔杉原伸生提供〕

第4章　ビザ発給の決断と覚悟

ドイツとソ連による圧迫

第2部では杉原のビザ発給に焦点を当てる。

前章で見たように、一九三九年九月にドイツおよびソ連がポーランドへ侵攻し、多くの避難民が発生した。リトアニアに逃れカウナスの日本領事館に集まった避難民に対し、杉原は日本の通過ビザを発給した。その多くはユダヤ人だった。なぜ彼らは避難民となり、リトアニアに来てビザを求めたのか。それは、アドルフ・ヒトラーという冷酷な独裁者の出現とナチス・ドイツの台頭、そしてソ連の対ユダヤ人政策に理由があった。

一九三三年、ドイツで政権を握ったヒトラー率いる国家社会主義ドイツ労働党（ナチ党）は、創設当初から強い反ユダヤ主義を掲げており、その迫害政策は激しさを増す一方だった。ユダヤ人を公職から排除する「職業官吏再建法」が制定され、一九三五年にはいわゆる「ニュルンベルク法」によって、ユダヤ人の公民権も奪い取った。

その後もユダヤ系の企業および個人の財産は奪われ、彼らに対するボイコットや迫害が加速していった。一九三八年には「水晶の夜《クリスタル・ナハト》」と呼ばれる大規模なユダヤ人襲撃事件が発生。ドイツ国内をはじめ、ドイツが占領した国々でもユダヤ人への迫害はエスカレートしていき、ヨーロッパから脱出を図るユダヤ人が後を絶たなかった。

一方ソ連では、帝政ロシア時代から民衆の社会的な不満のはけ口をユダヤ人に仕向け、迫害してきた歴史があった。しかしロシア革命により帝政ロシアが崩壊し、一九二九年から始まったスターリン政権下では公然とユダヤ人を迫害することはなかった。ただ、ユダヤ教は他の宗教と同様に排除の対象となり、ユダヤ人の国家建設を目指すシオニズム運動はブルジョア思想として排斥された。ソ連の人々に染み込んでいたユダヤ人に対する根強い偏見や反感は、革命によっても払拭されることはなかった。

ドイツとソ連がポーランドへ侵攻することにより、ポーランドのユダヤ人は両国から激しく圧迫されることになった。身の危険を感じた彼らは、まだ独立を保っていた隣国リトアニアへと逃れ、活路を求めたのである。

ソ連によるリトアニア併合

ポーランドが侵攻される直前の一九三九年八月二十三日、ドイツとソ連は十年間という期限付きの独ソ不可侵条約に調印した。互いに天敵と言われたヒトラーとスターリンが結んだこの不可侵条約は、世界中に衝撃波となって広がった。

これは日本にも大きな影響を及ぼした。一九三六年、日本は仮想敵国であるソ連の共産主義の脅威から身を守るため、ドイツとの共同防衛を約した「日独防共協定」を結んでいた。一九三九年五月、日本はノモンハン事件によってソ連と対峙することになった。その後、盟友のヒトラーは独ソ不可侵条約を結び、日本との防共協定を反故《ほご》にしたのである。一九三九年八月二十五日、平沼内閣は、防共協定よりも強固な関係を築くために進めていた日独同盟締結の交渉中止を閣議決定した。八月二十八日、平沼騏一郎《きいちろう》首相は「欧州の天地は複雑怪奇なる新情勢を生じた」という声明を出し、責任を取って内閣は総辞職した。ちょうどこの頃、杉原はカウナスに赴任した。

ソ連では権力を握った独裁者スターリンが反対派を次々と粛清し、社会主義路線を確立していた。しかし、大粛清を行なったために内政は混乱し、有力な赤軍指導者の多くが粛清されて軍備が弱体化した。そのためスターリンは、他国との軍事衝突に対して消極的だった。特に軍事強国であるドイツとの対立を避け、ポーランドやバルト三国およびフィンランドを手に入れるため、ヒトラーと独ソ不可侵条約を結んだのである。

一方、ドイツではヒトラーが軍事力を背景に周辺諸国の併合政策を推し進め、勢力拡大を図っていた。手始めに一九三八年三月にオーストリアを併合し、次いで九月にチェコスロバキアのズデーテン地方を手に入れ、勢力圏を東方へと広げていった。一九三九年四月二十八日、ヒトラーはポーランドと結んでいた不可侵条約を破棄し、着々と侵攻の準備を進めた。それは、これから起こる悲惨な歴史の序章に過ぎなかった。

一九四〇年六月、独ソ不可侵条約の中で結ばれた秘密議定書（ドイツ・ソビエト境界友好条約）により、ソ連はリトアニアに侵攻した。リトアニアは圧倒的なソ連軍の兵力に為す術もなく占領された。その混乱に乗じ、駐リトアニアのソ連公使ウラジーミル・デカノゾフはリトアニアの政治に露骨に介入し、親ソ連派の政権を樹立させた。さらに、首相の選任はリトアニア憲法の手続きによらずに行なわれ、リトアニア共産党からしか立候補できないようになった。その選挙結果を受けて七月二十一日に人民議会が開かれ、リトアニアの国名を「リトアニア・ソビエト社会主義共和国」とすることが決定された。八月三日、リトアニアはソ連の構成共和国の一つとして併合された。

リトアニアを併合したソ連政府は、すでにリトアニアへ逃げ込んでいた数万のユダヤ避難民を抱え込むことになった。これはソ連政府において頭の痛い政策課題の一つとなった。

ビザ発給の要件

一九四〇年七月中旬、カウナスの日本領事館の周りを取り囲むように多くの人たちが集まった。杉原はすぐにスタッフを呼び、群衆の様子を見に行かせた。そのほとんどは、ドイツとソ連の侵攻によってポーランドを追われたユダヤ避難民だった。彼らは、第三国へ逃れるために日本を通過するビザを要求していた。

通過ビザを発給するにはいくつかの条件があった。まず、最終目的地の入国許可証[※1]を持っていること、そして渡航チケットを持っていること、さらに日本に上陸する際の提示金を所持していることだった。しかし、避難民の多くは戦禍から逃れてきたため、すべての要件を満たしている者は稀だった。それでも杉原は彼らを救うために要件不備でもビザを発給した。そのため、避難民が日本に上陸する際の港となった福井県の敦賀《つるが》では、入国審査に混乱が生じていた。

この事態に際して松岡外務大臣は、一九四〇年八月十六日の電文で杉原に対し、発給されたビザの持ち主が行先国の入国許可証や日本での滞在費を十分に持っておらず、入国審査で上陸ができずに困惑しているので、厳格にビザを発給するよう命令した。これに対して杉原は九月一日、松岡大臣に対して「日本の通過ビザは、ソ連を出国するためにも絶対に必要な条件です。避難民の状況を考えて、目的国で確実な受け入れ先がある者に限り、ウラジオストクで日本への船に乗るまでに、行先国の入国許可証や日本から目的国へ行くための乗船券の予約を取ること。また日本はドルから円への交換が厳しいため、ドルを日本へ送る場合、敦賀であらかじめ換金などの手配をすることも彼らに伝えています。なお、これら手続きが完了していない者については、直ちにウラジオストクで乗船の拒絶を行なってください」と返信した。

しかし杉原は、彼らが実際にウラジオストクで乗船を拒否されるとは思っていなかった。ソ連政府

※1　渡航先の国が発給するビザ。この時は主に移民ビザを指す。

は避難民が日本の通過ビザを持っていることで、シベリア鉄道を使いウラジオストクへ移動することを許可した。日本政府がウラジオストクで避難民の乗船を拒否すれば、彼らはそこに長期間滞留を余儀なくされる。これは軍事上の理由から、ソ連にとって看過できない問題となるので、日本政府に対して高圧的な態度に出るだろう。そうなると、日本政府は乗船拒否するのが難しくなる。ソ連の実情に精通していた杉原は、こう予測していたと考えられる。

九月三日に松岡大臣から杉原へ送られた電文は、「船会社が帝国領事の通過査証（ビザ）を持っている者の乗船をウラジオのソビエト官憲の命令に反して拒絶することは、事実不可能であるばかりか、このことは我が国の査証の信用を危うくするものである。現に、貴電のように取り扱った避難民の後始末に窮している現状であるので、以後は往電第二十二号のとおり、厳重に取り計らうこと」と、杉原の予測どおりの回答だった。松岡大臣は、避難民へのビザ発給要件を固く守るよう杉原に重ねて命じた。

この電文が送られた翌日、杉原はカウナスを発ってベルリンに向かっていた。すでに大量のビザが杉原の手によって発給された後だった。ユダヤ避難民を救うためには、まずリトアニアから脱出させることが最重要だと杉原は考えたのである。

ビザ発給に関わる一連の電文や杉原の行動を見る限り、彼のしたたかさと巧妙さが見え隠れする。杉原の願いは、カウナスの領事館を退去するまでに一枚でも多くのビザを発給し、一人でも多くの避難民を救うことだった。

日本政府のユダヤ避難民政策

ヒトラーの残酷なユダヤ人排斥政策のため、身の危険を感じた多くのユダヤ人は避難民となった。これは当初、日本にとって遠く離れたヨーロッパでの対岸の火事に過ぎなかったが、その後ヨーロッパの在外公館において日を追う毎に日本通過ビザを求める避難民は増え続け、直接火の粉が降りかかる問題となった。日本政府がこれにどのように対処したのか、順を追って見ていこう。

一九三八年十月七日、日本に流入する避難民が増加するのを危惧した近衛文麿《このえふみまろ》外務大臣は、在外公館長へ「ユダヤ避難民の入国に関する件」を発令した。それは、日本の同盟国であるドイツとイタリアが排斥したために外国に避難せざるを得なくなった者（主にユダヤ人）を、日本に受け入れることは好ましくないとして、国内および各植民地に彼らの入国を禁止するものだった。

この頃、日本、ドイツ、イタリアでは防共協定が結ばれていたが、それをさらに強固なものにする日独伊三国同盟を締結しようとしていた。つまり、ユダヤ人排斥政策を取っていたナチス・ドイツに配慮した対応だった。

しかし、この通達を受けたヨーロッパの在外公館にはビザを求めるユダヤ避難民が連日押しかけてきており、日本からの指示はその状況を無視したものだった。ビザ発給を求める避難民への対応に追われていた在外公館からの悲痛な訴えに対して、日本政府の動きは鈍かった。そればかりか、一九三八年十月二十日に外務大臣に任命された有田八郎は、在外公館に対して、日本に向けて渡航中の者にも「入国を断念するように」と厳しい指示を出した。

一九三八年十二月六日、日本政府はようやく重い腰を上げた。最高首脳会議である五相会議《ごしょう》※2においてｘ「ユダヤ人対策要綱」※3が決定され、ユダヤ人への対応方針が示された。対策要綱では、ドイツ・イタリア両国との関係を保つことが日本外交の中心と位置付け、同盟国である日本がユダヤ人を積極的に守ることは原則として避けなければならないと前置きした上で、ドイツのようにユダヤ人を排斥することは日本の人種平等の精神に合わないとしている。

当時の日本政府は複雑な立ち位置を余儀なくされていた。対外政策としてはドイツ・イタリアとの同盟関係を重視し、国内政策では軍部、とりわけ関東軍に配慮した方針が示されていた。特にユダヤ資本による満洲国への外資導入、つまりアメリカの資本導入を図ることにより対米関係の改善を模索していた。近衛内閣は、ますます顕在化していくユダヤ避難民問題に対して、政策を押し進めていく上でかなり難しい舵取りを強いられていた。

一九四〇年八月になると、外務省と内務省は、杉原が発給した要件不備のビザを持ってウラジオストクから敦賀港へ続々と上陸する避難民の対応に苦慮していた。外務省では以前から、外国人の入国者は一千五百円、通過者は二百五十円を上陸の際に提示するという内規があった。しかし、避難民に関する取り決めはなかった。さらに上陸に際して入国審査をするのは内務省だったが、両省庁の間で取り扱いが一致しない問題が生じていた。

松岡外務大臣は内務省と協議した結果、今後日本に入国する外国人で避難民と認定される者に対して、目的国までの必要な渡航費あるいは渡航チケットを持っていること、そして日本に滞在する日数に応じて、一人につき一日当たり最低二十五円見当の宿泊費用を到着時に持っていることが必要であると決定した。一九四〇年十月十日、松岡大臣は在外公館へ「外国避難民に対する査証取扱方に関する件」として訓令を出し、その対応を始めた。

なぜビザを発給したのか

このような日本政府のユダヤ避難民に対する政策の中で、杉原はどんな思いでビザを発給したのか。戦後、杉原はビザ発給の経緯についてあまり触れようとはしなかった。彼自身の手記によると、カウナスでビザを発給したことは外務省を辞めた思い出に繋がるからだった。杉原は、家庭でもそのことについて話題にすることはなかった。ただ、ビザを発給した人たちのその後の消息を心配して思い出すことはあった。

杉原自身がビザ発給について書いた資料は多くない。その少ない中でも、前章（五〇頁）で紹介した、ロシア語でタイプ打ちされた書簡がある。

※２　総理大臣（近衛文麿）、外務大臣（有田八郎）、陸軍大臣（板垣征四郎《せいしろう》）、海軍大臣（米内光政《よないみつまさ》）、大蔵大臣（池田成彬《しげあき》）の五閣僚によって行なわれた会議。

※３　詳細については巻末資料②参照。

杉原はビザ発給について、この書簡の中で次のように答えている。

「結局八月十日、私は東京との無意味な対話を中断することを決めた。私には領事館閉鎖に伴う多くの作業もあったことから、対話は時間の無駄にしかならなかったのである。こうして八月十一日には、独断で通過査証の発給を始めた。責任のすべてを負うことを決め、日本から先の旅を証明する書類を所持しているか否かを問わず、私は自分のところにやってきた文字どおり全員の人に査証を発給したのである」

ここの「八月十一日には、独断で通過査証の発給を始めた」の日付については議論の余地があるが、[※4]本省とのやり取りを「時間の無駄」と結論づけ、「責任のすべてを負う」ことや、要件不備を承知の上で「文字どおり全員の人に査証を発給した」という当時の杉原の心境が綴られている。さらに「もっぱら人道的精神の命ずるがまま、他者に対する愛情から——もっとも失職することは予見していたのだが、私に請うすべてのポーランド人に対し査証を出し続けた」と書き、ビザを発給した思いと覚悟を述べている。

また、この書簡から十年後の一九七七年八月四日、モスクワで国際交易株式会社に勤めていた杉原は、FNNモスクワ支局長の萱《かや》場《ば》道《みち》之輔《のすけ》のインタビュー[※5]に応え、ビザを発給した理由を「人道問題」と述べ、「断ったら、どこへ行くかね。可哀想だ」と語っている。

さらに、一九八三年九月二十九日にフジテレビで放送された「運命をわけた一枚のビザ——四千五百のユダヤ人を救った日本人」でジャーナリストの木元教子《のりこ》は、鎌倉の杉原の自宅でインタビューを行なっている。杉原は、ビザ発給に関する質問に対し、「当時の内務省が、何千人と避難民が来たら公安上、取り締まり上、困ると言っていた。また外務省も陸軍の命令で、ナチに追われている者を助けることは、枢軸《すうじく》国協定の手前できないと言ってきた。しかし、自分がビザを発給しなければ、避難民がソ連のビザをもらっても何にもならない。彼らは行くところがないのだ。彼らがナチに捕まり、殺されることを彼らから聞いていた。だから、反対があってもビザを出さなければならないと思った」と当時の切迫した状況を語っている。

一九八六年、雑誌「ゼンボウ」（全貌社《ぜんぼう》）の七月〜十二月号に「新連載　勇者は多くを語らず」と題して、計六回にわたってインタビュー記事が掲載された。この中で、杉原はビザを発給した理由について尋ねられると、体調が優れなかったために幸子が「気の毒な方々を見殺しにできなかったから」と答え、「人道上の気持ちでビザを書こうと思った」とその心境を代弁している。また自らが書いた手記では、カウナスでのビザ発給が「博愛人道精神から決行したことであった」とも述べている。

杉原は外務省の訓令に従わず、領事館に助けを求めてきた避難民に日本通過ビザの発給を決断した。集まってきた避難民の国籍は、ポーランドをはじめリトアニア、チェコスロバキア、ドイツ、イギリスなど九カ国に及んだ。その大半はユダヤ人だったが、非ユダヤ人も少なくなかった。杉原は国籍や

※4　「杉原リスト」によると、杉原がビザを発給したのは七月九日からである。
※5　インタビューの全文は、巻末資料⑤参照。

民族に関係なく、領事館に救いを求めてきたすべての人に、分け隔てなく手を差し伸べた。そこには打算も思惑もなかった。杉原は一人でも多くの人を助けたいという思いから、一心不乱にビザを書き続けた。

杉原の息子伸生《のぶき》は「父は頑固で信念を通す人間だった」と語る。杉原がビザ発給を決断したのは、モスクワでのインタビューで答えた言葉「可哀想だ」の一言に尽きる。

あの時、杉原はソ連当局からの退去勧告や外務省からの閉鎖命令を理由に、何もせずにその場を立ち去ることはできたはずである。そうしたからといって、誰からも非難されることはない。しかし杉原はあえて領事館の閉鎖を遅らせ、ビザを発給し続けた。避難民たちを見て見ぬふりすることなく、目の前の困っている人たちを置き去りにしなかった。杉原は外交官である以前に一人の人間であった。子供を持つ親でもあった。ビザ発給を決断した時、命からがら避難してきた子供たちの哀れな姿を、我が子と重ねて映していたのかも知れない。

晩年の杉原が、東京の四谷《よつや》で息子伸生と食事をした際、「ユダヤ人にビザを発給して後悔など全くしていないし、それが外務省をクビにされた唯一の理由とは考えていない。自分でクビになるのを覚悟した行動だから、クビになっても恨む相手もいないんだ」と話していた。この言葉から、ビザ発給を決断した並々ならぬ杉原の決断と覚悟をうかがい知ることができる。

カウナス駅での別れ

何度もソ連当局から退去を勧告され、本省からも領事館閉鎖を強く指示されていた杉原は、一九四〇年八月三十一日（外務省の記録によると九月四日）、後ろ髪を引かれる思いで領事館を閉鎖した。その後、杉原は一旦市内のホテル・メトロポリスに滞在した。しかし、そこでも杉原は、押しかけたユダヤ人たちに書類を書いて渡した。杉原はモスクワでのインタビューで次のように語っている。

「いよいよ出発する三日前か、あそこのメトロポリスというホテルへ家族と一緒に引越したわけ。一日中、領事公邸におるという時間お構いなしに難民が寄ってくるからね。そしたらホテルにも来るんですよ。それからいよいよ一日の朝、出発するカウナス駅、ホームまでやってくる（笑）。困っちゃってね。断り切れなくて」

いよいよベルリンへ移動するため、杉原一家はカウナス駅へ向かった。駅に着くとソ連兵が警備していた。当時のカウナス駅はソ連兵の管理下に置かれ、内務人民委員部の秘密警察（後のＫＧＢ）も監視していた。ソ連政府に対する不満分子などが行き来するのを防ぐためだった。このような状況下で、カウナス駅まで杉原を追いかけてきたユダヤ人もいたが、ホームに入ることはおろか駅に近寄ることさえ困難だった。それでも何とかホームに入り、書類を持って杉原のもとへ駆け寄る人たちがいた。杉原は、その時「ホームで五、六人にサインをした」と語っている。

杉原をテーマにしたテレビ番組や映画のシーンで、杉原一家が汽車に乗り込もうとすると、ホームに押し寄せた大勢の人たちが手に書類を持って杉原のサインを求める姿が描かれることがある。また杉原が汽車の出発寸前まで出された書類にサインを続け、最後の一枚を窓から手渡すという有名なシーンがある。さらに杉原が書類を書けないことを車内から謝り、ホームにいる人たちも杉原に涙で感謝と再会を叫ぶという感動的なシーンもある。しかし、駅のホームに避難民たちが立ち入ることが容易ではなかった状況を考えると、このようなドラマチックな場面はなかったと考えるのが妥当である。当時フェンスもなかったカウナス駅で、監視の目をくぐり抜けて杉原に近寄ってきた人たちに対して、「五、六人にサインをした」のが実際だったのだろう。

杉原は自分の意志で避難民へのビザ発給を決め、何かに取り憑《つ》かれたかのように毎日多くのビザを発給し続けた。杉原は汽車に乗り込んで座席に身を沈め、重苦しい疲労感を覚えた。領事館の閉鎖さえなかったら、もっと多くのビザを出すことができ、もっと多くの人を救うことができたかも知れない。その無念さを感じていたに違いない。

杉原と家族を乗せた汽車は、カウナス駅を後にして一路ベルリンに向けて走り出した。

杉原ビザの偽造

杉原は一九四〇年八月一日前後から、ビザ発給を手書きからスタンプに変えた。スタンプによって、増え続ける避難民に対して大量のビザ発給が可能となり、肉体的な負担も軽減された。それは必要に迫られてのことだった。

杉原にスタンプビザを提案したのは、杉原の傍《かたわ》らで情報活動に協力していたポーランド陸軍中尉予備役ヤン・スタニスワフ・ペシュだった。同じような文言を日本語で記入することに大変な手間と時間がかかり、ビザ発給の妨げになっていた。それを杉原から聞いたペシュは、ゴム印のスタンプを作ることを提案した。杉原はペシュの意見に賛成してひな形を渡した。ペシュはそれを仲間に渡し、スタンプを二個作るよう指示した。出来上がったスタンプの一個は杉原に渡され、残りの一個はヴィリニュスの仲間に送られた。杉原がカウナスを離れた後、このスタンプで通過ビザを作ったとペシュ自らが大戦中に書いた活動報告書「諜報機関Ｇ――報告および資料」中で証言している。このことで、杉原ビザの偽物である「偽造《フェイク》ビザ」の存在が明らかになった。

杉原の偽造ビザは、一部の研究者の間で知られていた。二〇一八年九月一日、新聞各紙に「『命のビザ』模造版あった」という見出しが躍った。報道によると、杉原の偽造ビザは、一九四一年にソ連の秘密警察（後のＫＧＢ）が、偽造グループを摘発した際の報告書と共に、リトアニアの首都ヴィリニュスの国立特別公文書館に保管されていたものだった。公文書館によると、ソ連のリトアニア併合に伴い、杉原がカウナスの領事館を退去した一九四〇年九月から四一年二月までに四百九十二枚の偽造ビザが作成され、九十四人が拘束された。公文書館には、出国に失敗した避難民からソ連当局が差し押さえたビザが四十点残されていた。このような偽造ビザにより、数百人が出国した可能性があると報じられていた。

これらの偽造ビザは、ペシュの提案でスタンプを作った際に杉原が書いたビザの見本が基になっていた。そのため、英文は別として日本語の漢字はお世辞にもうまいとは言えず、明らかに違和感があ

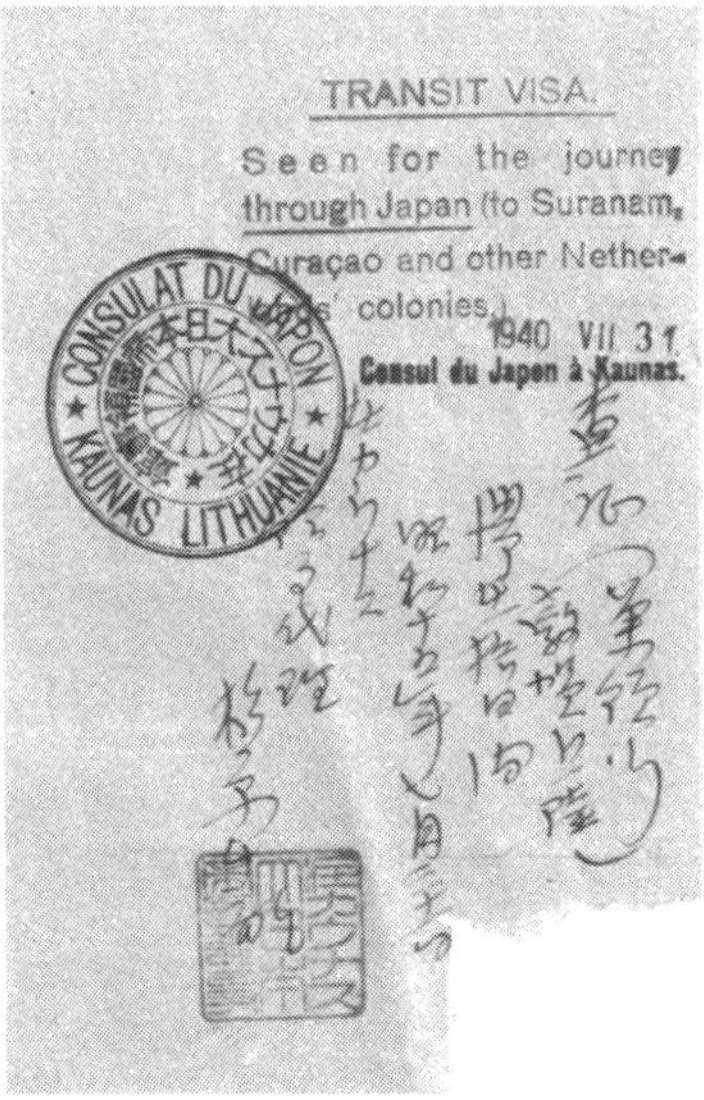

手書きの杉原ビザ（本物）

る。杉原の達筆な日本語は、模造する彼らにとって難解だったようだ。

本物のビザと比べれば一目瞭然である。まず、杉原千畝の「畝」の文字が記号のようになっている。また、公印の「帝国領事館」は形が崩れており、明らかに漢字の体を成していない。その他にも、手書きで書き入れる行先国の「蘭領」や日付にも違和感がある。いずれにしても、偽造ビザそれぞれに完成度の違いはあるものの、日本人であれば見分けがつくレベルであることはお分かりいただけるだろう。

また、カウナスのオランダ領事館ヤン・ツバルテンディク臨時領事代理のキュラソービザに書かれている彼のサインにも偽物がある。ヴィリニュスなどでは、偽物を作るグループが複数あり、ビザだけではなくパスポートなども偽造していた。

確かに、ビザやパスポートを偽造するのは許されることではない。しかし、理不尽に迫害されて追い詰められ、生命の危機にあった彼らのこの行為を誰も責めることはできない。それは、自分の大切な家族や同胞のために命を懸けた行為だった。この偽造ビザを見ていると、彼らに偽造を強いた戦争や差別といった不条理こそが、責められるべきだと思うのである。

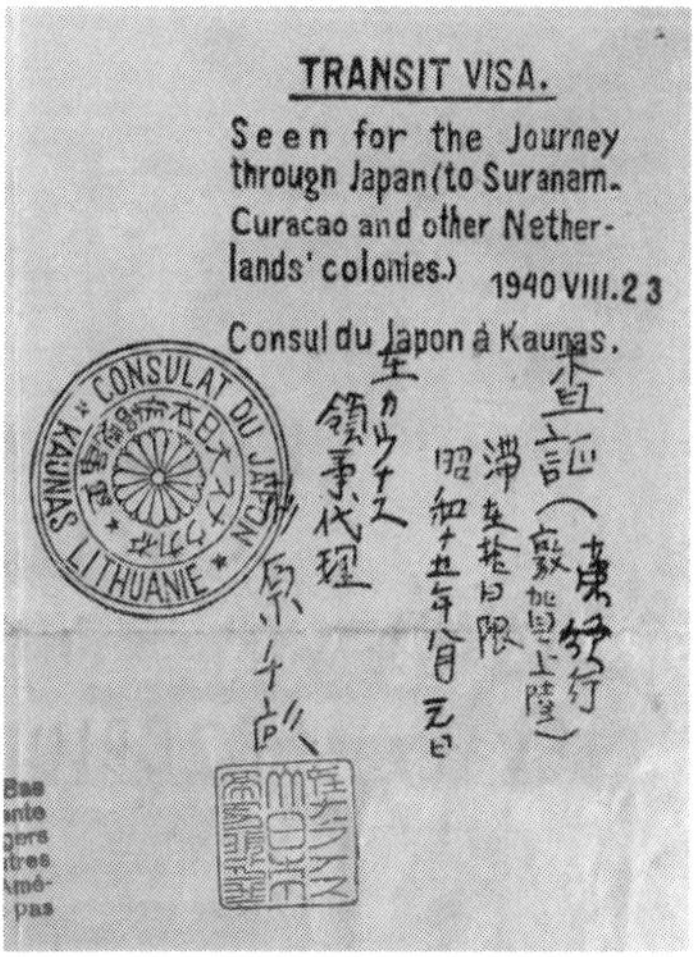
TRANSIT VISA.
Seen for the Journey through Japan (to Suranam. Curacao and other Netherlands' colonies.)
1940 VIII.2 3
Consul du Japon à Kaunas.
CONSULAT DU JAPON
KAUNAS LITHUANIE

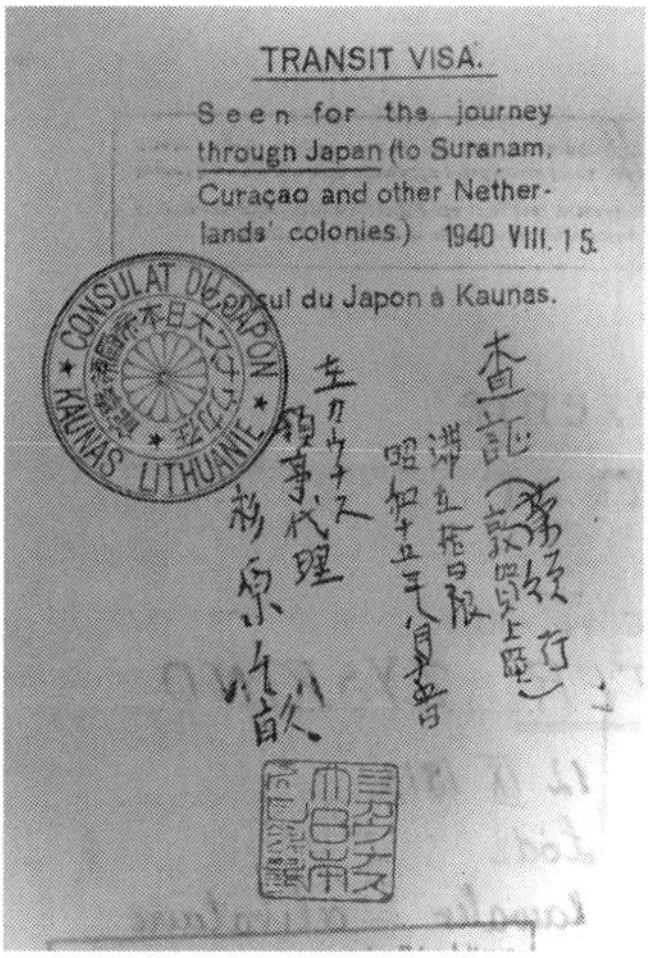
TRANSIT VISA.
Seen for the journey through Japan (to Suranam, Curaçao and other Netherlands' colonies.)
1940 VIII. 15.
Consul du Japon à Kaunas.
CONSULAT DU JAPON
KAUNAS LITHUANIE

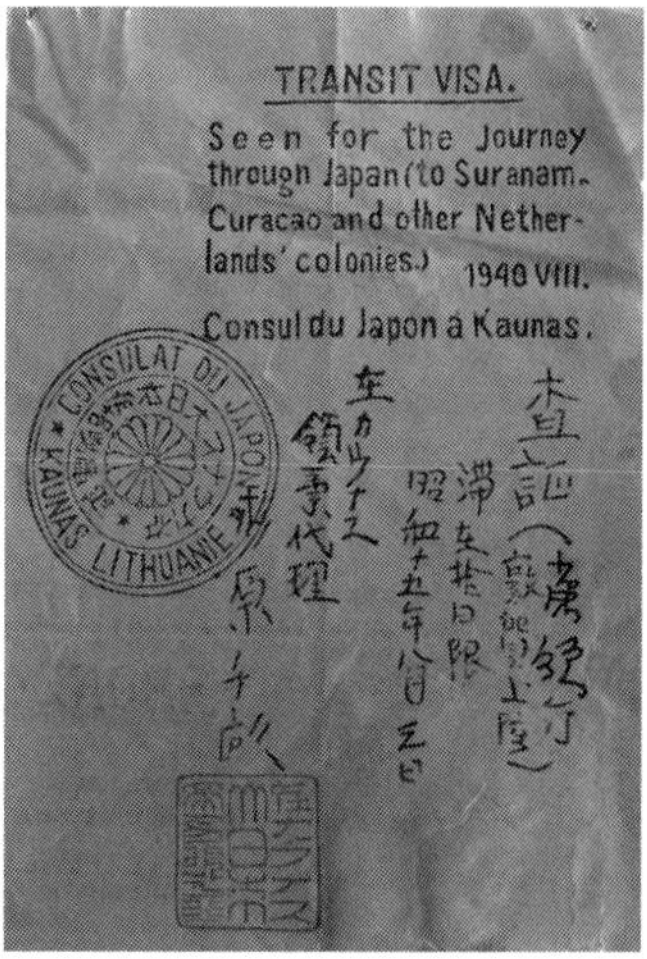
TRANSIT VISA.
Seen for the Journey through Japan (to Suranam. Curacao and other Netherlands' colonies.)
1940 VIII.
Consul du Japon à Kaunas.
CONSULAT DU JAPON
KAUNAS LITHUANIE

3種類の偽造ビザ

第5章　ユダヤ避難民の逃避行

キュラソービザ

杉原ビザの特徴の一つは、通過ビザを発給する要件である行先国が、キュラソーやスリナム（現・スリナム共和国）といったオランダの植民地になっていたことである。それは、カウナスのオランダ領事館ヤン・ツバルテンディク臨時領事代理が、避難民の持つパスポートに「カウナスのオランダ領事館は、外国のスリナム、アンティル諸島のオランダ領キュラソー島へ入国するためのビザが必要ないことを宣言する」と書き、避難民の入国を認めたためであった。杉原は、このカリブ海に浮かぶキュラソー島や中南米にあるスリナムというオランダ領植民地を行先国として、日本を通過するためのビザを発給した。後に「キュラソービザ」と呼ばれるものである。

ではなぜオランダの植民地が行先国になったのか。それには次のような経緯がある。

一九三九年九月一日、ドイツ軍とその後にソ連軍がポーランドに侵攻することにより、多くのユダヤ系住民は避難民としてリトアニアに脱出した。しかし翌年六月、ソ連がリトアニアに侵攻したことにより、避難民の多くはリトアニアからの退去を迫られた。

一九四〇年七月十一日、ラトビアの首都リガ駐在のオランダ大使Ｌ・Ｐ・Ｊ・デ・デッケルは、リトアニアのヴィリニュスに避難していた女性から、オランダ領東インド（現・インドネシアなど）へのビザ発給を求められた。この女性は元オランダ国籍のユダヤ人で、結婚してポーランド国籍を取得していた。ユダヤ避難民が入国を希望する国は、アメリカやイギリス統治下のパレスチナなどだった。しかし、いずれも厳しい政策によって移民の入国が制限され、移民ビザの発給も限られていた。この女性がオランダ植民地を目的地としたのは、切羽詰まった上での選択肢だった。

デッケル大使は彼女からの再三の求めに応じ、カリブ海のキュラソー島と中南米のスリナムなら税関もなくビザなしで入国できると考えた。そして、彼女のパスポートに「中南米のオランダ領であるキュラソー、スリナムへの入国ビザは不要」と書き込んだ。しかし、実際に入国する際の「現地植民地政府の許可が必要」という文言は書かなかった。このことが、後に避難民が日本に上陸する際の妨げになった。

カウナスのユダヤ人難民救済委員会の代表ゾラフ・バルハフティク（後のイスラエル宗教大臣）の行動は迅速だった。キュラソービザの情報を得たバルハフティクは、ツバルテンディクにキュラソービザを発給してくれるよう話を持ちかけた。ツバルテンディクは、デッケル大使と協議した上でデッケルの書いた同じ文言を記載することにした。ツバルテンディクは、一九四〇年八月二日にカウナスのオランダ領事館を閉鎖するまで、キュラソービザを書き続けた。このキュラソービザを持って日本へ入国した避難民は、その後アメリカ、カナダ、オーストラリア、上海などに向かっており、実際にキュラソー島などへ上陸した者はほとんどいなかった。キュラソーやスリナムは、ヨーロッパを脱出するための便宜上の目的地に過ぎなかったからである。

このキュラソービザについて、日本政府は否定的な見方をした。ウラジオストクから敦賀港へ多くの避難民が押し寄せていた一九四一年二月十日、松岡外務大臣からウラジオストクの日本総領事代理である根井《ねい》三郎へ電文が送られた。そこには、「中米諸国領事の入国査証は当てにはならず。この査証の他に本国政府の入国許可が必要」と書かれていた。キュラソービザには、現地植民地を管轄している行政府の許可が必要であることを指摘したのである。これは、杉原ビザそのものを否定することでもあった。

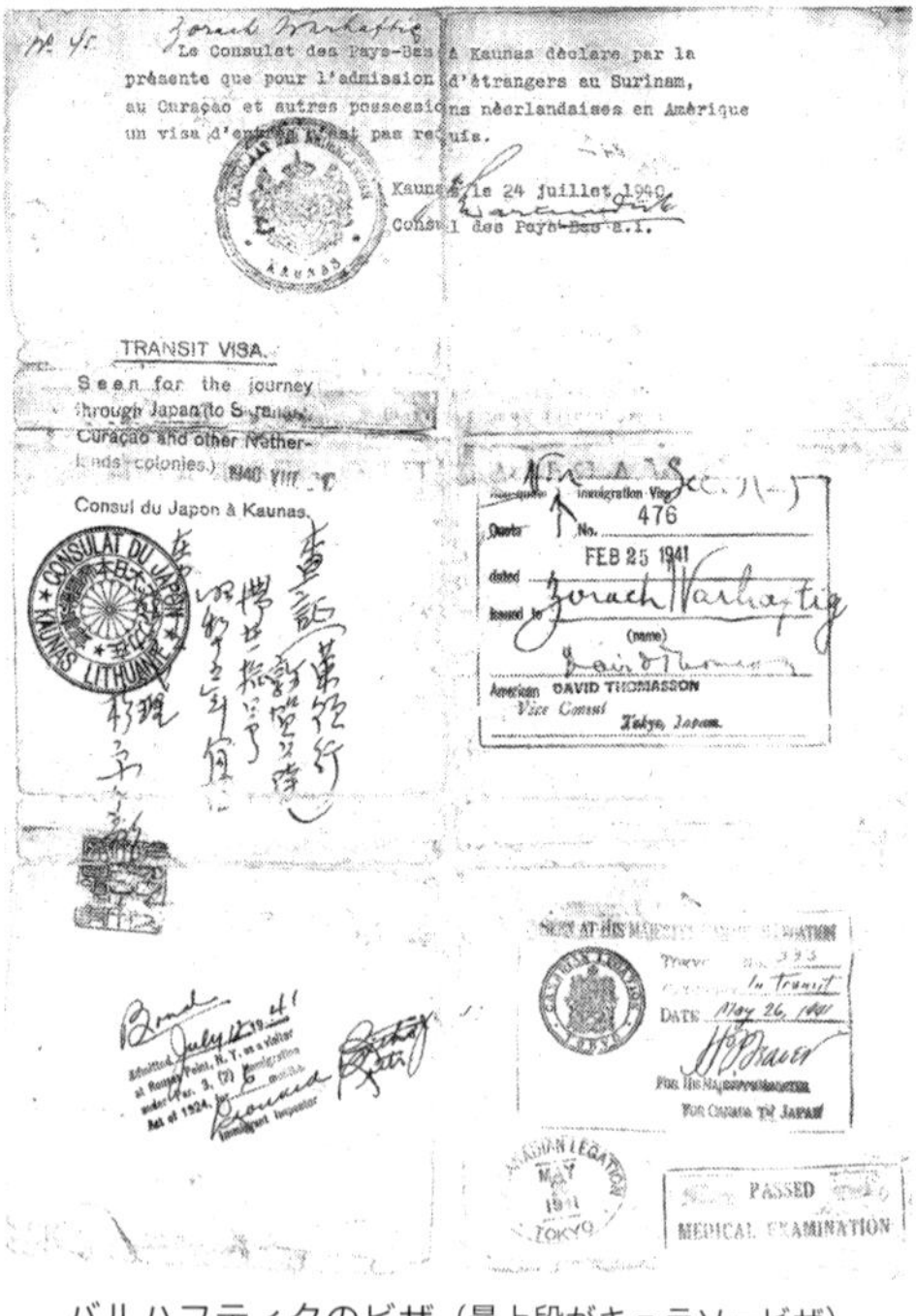

バルハフティクのビザ（最上段がキュラソービザ）

同年三月十九日、近衛《このえ》首相（外務大

臣兼務）はウラジオストクから日本へ上陸する避難民が一向に減らないことを懸念し、根井に避難民の持つビザの再検閲を命じ、日本への入国を厳しく取り締まろうとした。それに対して根井は、三月三十日に返信した中で、避難民の行先国が中南米（キュラソーやスリナム）になっているからと言って、杉原が発給したビザ全部の検印（敦賀行の乗船許可）を拒否することは、日本の在外公館の威信から考えておかしいと反論した。根井は避難民たちに同情を寄せると共に、杉原を擁護したのである。さらに根井は、ビザを持っていない人の求めに応じて、渡航証明書[※1]や通過ビザを発給した。

杉原が、カウナスの日本領事館に集まった避難民に対し、キュラソーを行先国として日本通過ビザを発給したのは、急いで彼らをリトアニアから出国させる必要があったからである。カウナスでソ連やドイツの情報収集をしていた杉原は、このままリトアニアにユダヤ避難民が留まっていたら、ドイツ軍の侵攻によって虐殺される危険性があることを知っていた。一刻も早く彼らを脱出させなければならなかった。事実、杉原が去った後、ナチス・ドイツ占領下のリトアニアでは、避難民も含めたほとんどのユダヤ人がホロコーストの犠牲となった。

苦難の逃避行

ソ連政府は従来から国民の移動を制限していた。しかし、ソ連国籍を持たない多くの避難民には、

※１　無国籍人に対し、パスポートおよびビザの代わりに在外公館長が発給する証明書のこと。

シベリア鉄道を使ってウラジオストクへ行くことを認めていた。一九一六年に全線開通したシベリア鉄道は、その後アジアとの往来の大動脈になった。終着駅であるウラジオストクは、極東の商工業の中心地であり、ソ連軍の太平洋艦隊が置かれ、軍事的・戦略的にも重要な拠点だった。

厳しく移動制限がなされている中で、なぜ多数の避難民の移動が認められたのか。その理由や背景について、二〇一六年に興味深い論文が発表されている。ロシア国立人文大学のイリヤ・アルトマン教授による『ロシアおよび海外公文書館における「正義の人」杉原千畝に関する新たな文書の発見：国際協力の経験と展望』である。この論文によると、避難民にシベリア鉄道の利用を許可したのは、ソ連にとって不足していた外貨（ドル）入手のためという、経済的な思惑が大きな要因の一つだった。

一九三九年九月のドイツとソ連によるポーランド侵攻でリトアニアへ逃れてきた避難民の問題は、政府にとって喫緊の課題だった。リトアニア政府は、ソ連のインツーリスト（国営の旅行会社）にシベリア鉄道を使った避難民輸送はビジネスとしての利点があると話を持ちかけて解決を図ろうとした。しかし、この段階でソ連当局が動くことはなかった。

翌年、今度はソ連内部から避難民に対して国内通過ビザを発給する案が出た。これを勧めたのは、外務人民委員（外務大臣に相当）であるヴャチェスラフ・モロトフの下で内務人民委員部対外諜報部のトップを務め、副外務人民委員でもあったウラジーミル・デカノゾフだった。一九四〇年四月二十一日、この問題についてデカノゾフはモロトフに書簡を送った。そこには、避難民がシベリア鉄道で領内を通過すれば百五十万ドル※2を超える外貨が手に入るという経済効果が力説されていた。実際に避難民問題の解決が進められたのは、ソ連がリトアニアに侵攻した後の七月に入ってからだった。抱え込んだ避難民はソ連にとって邪魔な存在だったため、速やかに出国させる必要があった。それによって外貨という果実が得られる一石二鳥の解決案だった。

そこからのソ連政府の対応は早かった。七月二十九日、最高指導者スターリンは「リトアニアに滞在するポーランドからのユダヤ系難民に、ソ連を通過する許可を与える」と決定。これは帝政ロシア時代から迫害を受けていたユダヤ人に、理由はともあれ救いの手が差し伸べられるという皮肉な決定だった。ユダヤ避難民は、日本という見知らぬ国に向けて希望を胸にウラジオストクを目指した。

しかし実際は、その希望を打ち砕くほどの過酷なものだった。彼らの証言によれば、シベリア鉄道では法外な運賃を要求され、列車内では金品が盗まれ、到着したウラジオストクのホテルでは通常より割高な宿泊費を請求された。さらに乗り込もうとした船でも、モスクワのインツーリストで予約した船室ではなく、家族が別々の部屋に割り振られるなど、ひどい扱いを受けた。

一九四〇年八月の初め頃から、杉原ビザを持った避難民がウラジオストクに到着し始め、その数は日毎に増えていった。この状況を憂慮したソ連政府は、避難民の一部を別ルートで移動させることを考えた。ソ連政府はモスクワに駐在する日本大使建川美次《たてかわよしつぐ》に対し、領内にいる約八百人のポーランド避難民について、シベリア鉄道を使ってその一部を満洲国の満洲里経由で通行させることを提案した。

※2　ソ連通貨で約九十万ルーブル。現在の円に換算すると百二十五億〜百四十四億円。

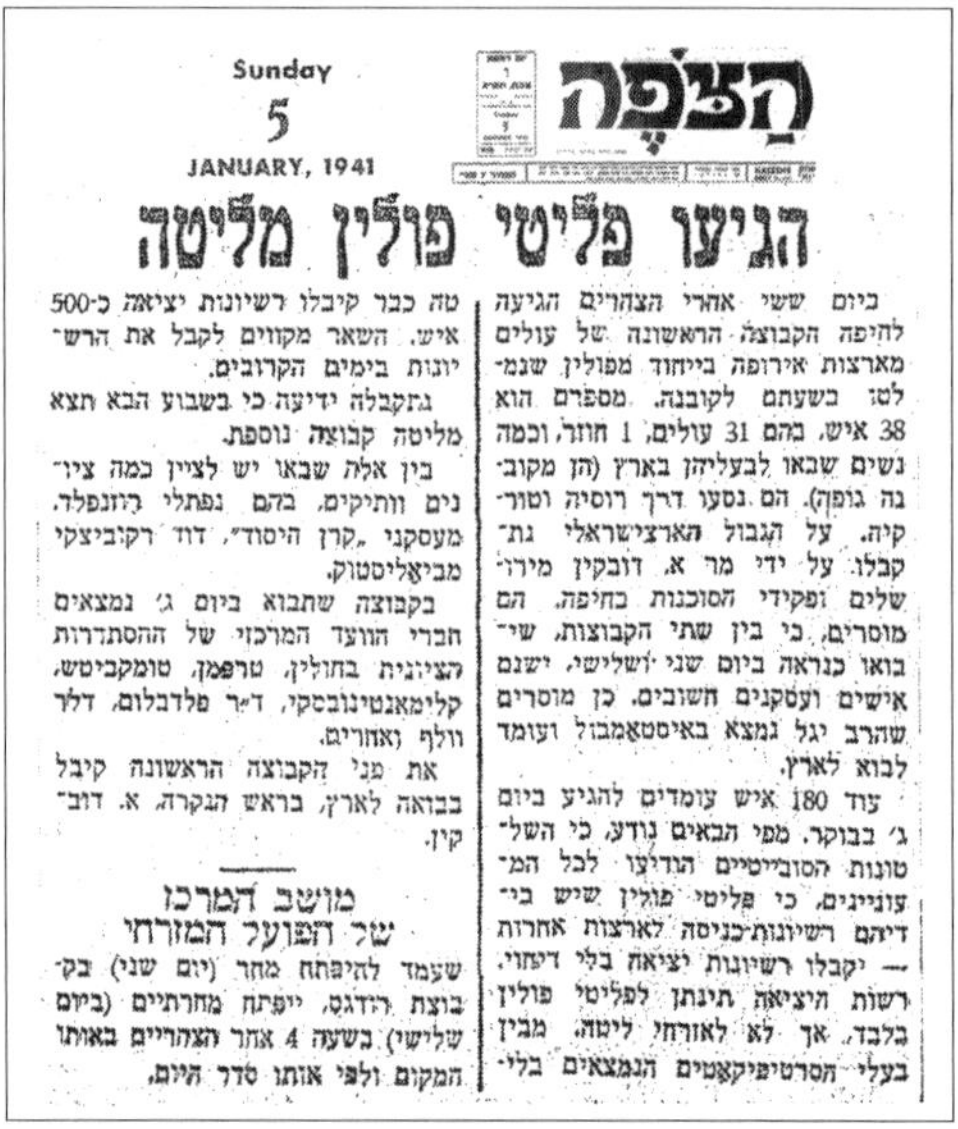

הַצֹּפֶה

Sunday
5
JANUARY, 1941

הגיעו פליטי פולין מליטה

ביום ששי אחרי הצהרים הגיעה לחיפה הקבוצה הראשונה של עולים מארצות אירופה בייחוד מפולין שנמ־לטו בשעתם לקובנה. מספרם הוא 38 איש, בהם 31 עולים, 1 חוזר, וכמה נשים שבאו לבעליהן בארץ (הן מקוב־בה גופן). הם נסעו דרך רוסיה וטור־קיה. על הגבול הארצישראלי נת־קבלו על ידי מר א. דובקין מירו־שלים ופקידי הסוכנות בחיפה. הם מוסרים, כי בין שתי הקבוצות, שי־בואו כנראה ביום שני ושלישי, ישנם אישים ועסקנים חשובים. כן מוסרים שהרב יגל נמצא באיסטאמבול ועומד לבוא לארץ.

עוד 180 איש עומדים להגיע ביום ג׳ בבוקר. מפי הבאים נודע, כי השל־טונות הסובייטיים הודיעו לכל המ־עוניינים, כי פליטי פולין שיש בי־דיהם רשיונות כניסה לארצות אחרות — יקבלו רשיונות יציאה בלי דיחוי. רשות היציאה תינתן לפליטי פולין בלבד, אך לא לאזרחי ליטה. מבין בעלי הסרטיפיקאטים הנמצאים בלי־טה כבר קיבלו רשיונות יציאה כ־500 איש. השאר מקווים לקבל את הרש־יונות בימים הקרובים.

נתקבלה ידיעה כי בשבוע הבא תצא מליטה קבוצה נוספת.

בין אלה שבאו יש לציין כמה ציו־נים וותיקים, בהם נפתלי רוזנפלד, מעסקני „קרן היסוד", דוד רקוביצקי מביאליסטוק.

בקבוצה שתבוא ביום ג׳ נמצאים חברי הוועד המרכזי של ההסתדרות הציונית בפולין, טרפמן, טומקביטש, קלימאנטינובסקי, ד״ר פלדבלום, דלר וולף ואחרים.

את פני הקבוצה הראשונה קיבל בבואה לארץ, בראש הנקרה, א. דוב־קין.

מושב המרכז
של הפועל המזרחי

שעמד להיפתח מחר (יום שני) בק־בוצת רודגס, ייפתח מחרתיים (ביום שלישי) בשעה 4 אחר הצהריים באותו המקום ולפי אותו סדר היום.

ポーランド難民がリトアニアからイスラエルの地に到着したことを伝えるヘブライ語新聞（1941年1月5日）

そのため、建川に満洲国の通過ビザ発給を斡旋するよう依頼した。

一九四一年二月三日、建川は松岡外務大臣に、約四百人の避難民に対して満洲国の満洲里領事館でビザを発給してはどうかと進言。それに対して三月七日、外務省は「ソ連領内の避難民について、満洲通過は百人に限定する」と回答した。この後、何人の避難民が実際に満洲国を通過したのか、定かではない。

ヨーロッパから脱出したユダヤ避難民の逃避行ルートは、シベリア鉄道↓ウラジオストク↓日本だけではなかった。シベリア鉄道の支線を乗り継いだ者、満洲国を通って上海や日本へ逃れた者、リトアニアからトルコ・シリアを経由してイスラエルの地へ着いた者など様々だった。

避難民は、残された数少ないルートを探し回り、必死の思いで迫害から逃れようと脱出した。途中で力尽きた者もあった。それでも、彼らは自分たちの命を守るために逃避行を続けた。

ウラジオストクの根井三郎

一九二五年四月、満洲・ハルビンの日本総領事館で杉原と同時期に勤務していた根井三郎は、一九四〇年十二月、ウラジオストクの日本総領事館の総領事代理になっていた。彼は、ヨーロッパの戦乱を逃れてウラジオストクにたどり着く人が日増しに多くなるのを不安に感じていた。彼らの多くは、二年先輩の杉原がリトアニア・カウナスで発給したビザを持つユダヤ避難民だった。

ソ連政府は、避難民に対してシベリア鉄道の利用を許可していたが、彼らがウラジオストクに滞留することには神経を尖らせていた。日本政府は敦賀に上陸しようとする避難民に対して、内務省による厳格な規定での入国手続きを行なっていた。時には要件不備の避難民の上陸を拒否し、彼らをウラジオストクへ送り還した。ウラジオストクに滞留を余儀なくされた避難民は、ソ連政府にとって想定外で憂慮すべきことだった。当時のウラジオストクは、ソ連海軍の太平洋艦隊が置かれた重要な軍港だったからである。

根井三郎〔外交史料館所蔵〕

一九四一年二月八日、通過ビザを求めて来館する避難民への対応について、根井は松岡外務大臣に宛てた電文を送った。その中で、アメリカや南米に移住を希望してウラジオス

根井三郎が発行した渡航証明書

トクにやって来る者は、カウナスの日本領事館が発給した通過ビザを持っているが、カウナスの領事館が閉館された今、ウラジオストクの日本総領事館に通過ビザを求めてくる者が毎日六十〜七十人に達している。この求めに応じて通過ビザを発給して良いか、と判断を求めた。二月十日、松岡外務大臣は根井に対し、神戸ユダヤ協会に避難民を受け入れるよう命じているが、協会は行先国の入国許可書や上陸時に必要な所持金を持っていない者まで世話することに難色を示しており、追って知らせるまで通過ビザを出さないようにと回答した。また松岡大臣は、リトアニア・カウナスのオランダ領事館が出したキュラソービザは同国政府の入国許可が必要だとして、その有効性を否定した。

この時のウラジオストク総領事館の状況が、一九四二年に外務省嘱託のクーリエ[※3]として、ヨーロッパを回った斎藤祐蔵《ゆうぞう》の『戦時欧州飛脚記《ひきゃくき》』に記されている。これによると、朝から日暮れまでユダヤ人の来館に総領事館の職員もホトホト閉口しており、彼らの執拗な要求を受けるが乗船許可を与えることもできず、その対応に困り果てていた。

二〇一七年九月七日の新聞報道によると、根井が避難民に通過ビザを発給したことを記した文書（一九四一年三月三日付）が、ロシアの対外政策アーカイブで見つかった。この文書によると、根井がウラジオストクのソ連当局と話し合った中で、ユダヤ避難民が日本の通過ビザを求めて領事館を訪れていることを伝えた。ソ連当局は避難民が大量に滞留していることを懸念し、根井に対して通過ビザを発給するよう要請した。根井は自分には発給する権限がないと説明したが、避難民への同情から「わずかではあるが、本省の許可を得ずに一定数の通過ビザを発給した」と述べている。この文書により、根井が避難民に対して渡航証明書の他に通過ビザを出したことが明らかになった。

根井は、避難民増加の現状と日本政府の厳格な受け入れ方針との間で板挟みとなったが、杉原が発給したビザの有効性を主張した。根井の言葉を借りれば、「同情する気持ちから」渡航証明書やビザを発給したのである。こうして杉原が手渡した「命のビザ」が、ウラジオストクの根井によって受け継がれた。それはあたかも命を繋ぐバトンリレーのようであった。

※3　外交伝書使《でんしょし》と呼ばれ、自国の外交文書などを運ぶ人。

敦賀上陸

一九四〇年八月上旬、杉原ビザを持った避難民が敦賀港へ上陸し始めていた。敦賀で入国管理を所管する内務省は、戦乱のヨーロッパから日本へ逃げてくる避難民が増加していることを危惧していた。ビザの多くが入国要件を満たしていなかったからである。

一九四一年三月十三日、ウラジオストクから敦賀に入港した天草丸《あまくさ》のユダヤ人乗客七十四人は、カウナスの杉原が発給した通過ビザを持っていたが、行先国のビザがなかった。また、所定の所持金も不足していたために上陸を拒否され、三月十七日にウラジオストクへ送還されるという事態が起きた。しかし、ウラジオストクへ送り還された彼らは、ソ連当局から「これらの者は、ソ連市民ではないので、一旦出国した者をソ連側で引き取るべき理由がない」として上陸を拒否された。彼らは日本からもソ連からも上陸を拒否され、船内に留まるしかなかった。

三月二十三日、再び敦賀港に来た彼らは、神戸のユダヤ協会が駐日オランダ大使館から手に入れたキュラソー行きのビザを示し、協会が一旦その身元を保証することで上陸が可能になった。このことを含めて、避難民の敦賀入港を当時の新聞各紙が報道している。※4

敦賀港の入国係官は、要件不備の避難民に対処するため、上陸を認める証として神戸ユダヤ協会の身元保証の文言を手書きでビザに記した。しかしその文言は、避難民一人ひとりの状況に応じて書かなければならず、手間のかかるものだった。手書きされた文言の一つは、「所持金並びに目的地（アメリカ）行のビザがないため、日本を通過する期間内に目的地のビザが取れない場合は、帝国の官憲の指示に従って、いずこの国でも出国することを条件にユダヤ人協会に身元引き受けをさせたうえで、特別に入国を許可する」というものだった。当初、避難民が敦賀に上陸を始めた頃は、最低でも五人の係官によってこれらの文言が手書きされていたことが分かっている。しかし避難民が増え続けたことから入国手続きの迅速性が求められ、一九四一年二月二十四日以降、手書きからスタンプへと変わった。

行先国が未定で所持金が不足していた避難民については、神戸ユダヤ協会の保証によって入国できたが、解決しなければならないことがもう一つあった。それは、避難民が所持していた通過ビザの扱いである。通常、敦賀港の入国係官は、通過ビザでの入国に問題がなければ「通過　福井県」のスタンプを押して上陸を許可するが、要件不備の避難民に対しては、特例的な「通過特許」というスタンプを押した。この通過特許について、内務省令では「有効な旅券もしくは、国籍証明書又はこれに代わる証明書を持たない外国人は、持っていない理由について相当の事由があると認められたとき、地方長官[※5]は入国又は通過を特別に許可することができる」となっていたのである。

しかし通過特許で入国した避難民にさらなる問題が発生した。それは、杉原ビザが通過ビザであったため、日本での滞在日数が限られていたのである。内務省令では、通過ビザの期限は十四日だった。

※４　巻末資料③参照。

※５　地方行政機関の長。明治憲法下における府県知事、東京都長官、北海道長官の総称。

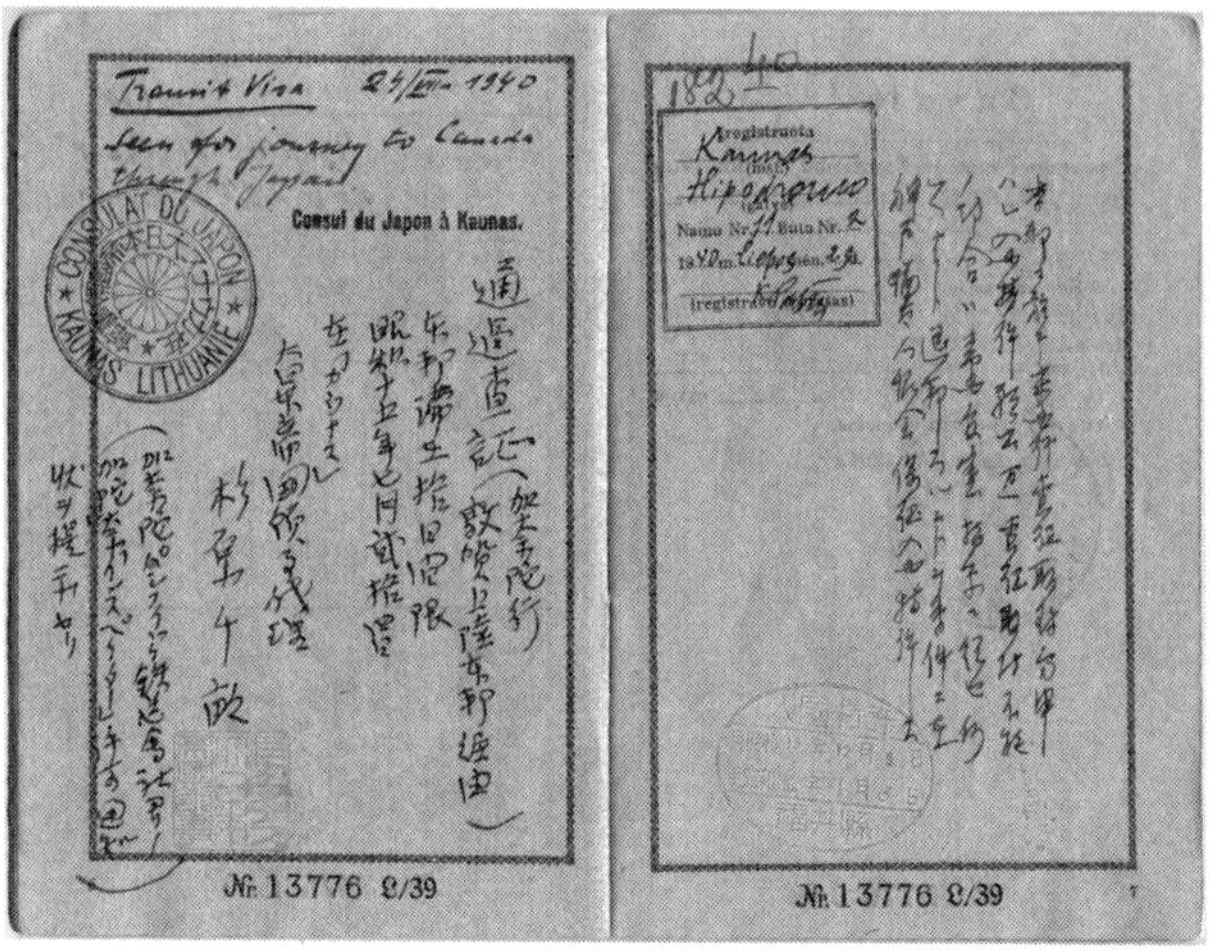

敦賀上陸に際しての特許要件が書かれたビザ（右側）

行先国の入国許可書を持っていない避難民にとって、この期間内に希望する国のビザを取得し、出国手続きを行なうことは事実上不可能だった。そんな彼らを助けたのは「入国特許」だった。これは、日本に入国する外国人で三十日以上の滞在を希望する者は、入国日から十日以内に上陸地または滞在地の地方長官に願い出ることにより、滞在の延長が認められるというものである。

　彼らは、上陸した敦賀や滞在した神戸などで入国特許を申請し、通過特許の期間よりさらに一カ月以上の滞在期間を与えられた。しかし、アメリカをはじめとする各国は避難民の受け入れに消極的で、門戸を固く閉ざしていた。そのため、入国特許で得た滞在期間ですら希望する国の許可を取ることは困難だった。

　そこで、彼らはさらに滞在期間の延長を求めるため、当局に申請して「滞邦《たいほう》許可書」を入手した。これによりさらに数カ月の滞在延長が認められた。避難民の中には延長を重ねることにより、一年近く滞在できた避難民もいた。しかし神戸や横浜に滞在していた避難民にとって、戦争の足音が近づく日本は安住の地ではなかった。彼らをせき立てるように、不穏な空気が覆い始めていた。

ジャパン・ツーリスト・ビューロー

ウラジオストクから敦賀港に入港する船には、毎回多くの避難民が乗っていた。一九四〇年十月十日、地元の福井新聞は、船客のうち避難民が百三十六名（うちポーランド人三十二名）乗船しており、そのため敦賀港では駐日ポーランド大使館、トーマス・クック社、ジャパン・ツーリスト・ビューロー、神戸ユダヤ協会が避難民の上陸を斡旋していたと報じている。その中で特筆すべきは、ジャパン・ツーリスト・ビューロー（以下、ビューロー）が携わった避難民の輸送業務であろう。

ビューローは一九一二年三月十二日、外国人観光客の誘致促進を目的に創立された。その後、国内のみならず欧米やアジアなどの主要都市に支部・案内所を設置し、事業を拡大していった。一九四〇年春頃、ビューローのニューヨーク事務所はウォールター・ブラウン社（後にトーマス・クック社に合併）という旅行業社から突然の依頼を受けた。その主な依頼内容は、シベリア経由で敦賀に上陸するユダヤ避難民に、一人当たり二百四十円相当（六十米ドル）の支援金を渡してほしいというものだった。これは日本入国時に入管に見せるための提示金であり、滞在費でもあった。

この申し入れを受けたビューローは早々に準備にかかった。案内所がなかった敦賀に臨時駐在員事務所を開設し、ウラジオストク・敦賀間の船中支援に添乗員を派遣した。この添乗員の一人に、入社三年目の大迫辰雄《おおさこたつお》がいた。大迫は一九四〇年九月から四一年三月までの間に二十数回乗船し、日本海を往復した。大迫は、乗船した天草丸（一九〇一年建造、総トン数二三四五トン）が古くて小さかったため、航行中に船体が縦横に激しく揺れてミシミシと音を立て、船もろとも海に沈んでいく気がしてとても眠れるものではなかったと述懐している。

船内では、ニューヨークから送られてきたリストを避難民の名前と突き合わせ、敦賀で支援金を手渡す準備を行なった。しかし荒天の日などは船酔いする者が続出し、船室で一人ひとりチェックすることは困難だった。さらに彼らの名前の読み方が難しいため、作業に時間がかかった。

船が敦賀港に到着すると乗客はまず検疫を受け、入国係官によるパスポートとビザの検査があり、税関による荷物の検査という順番で入国手続きが行なわれた。しかし支援金が届いていない者も多く、その際には神戸から来ていたユダヤ協会の担当者が入国のための提示金を示した。大迫と駐在員たちは、何とか本人に支援金を渡すことができるよう数百人分のリストを懸命にチェックした。

大迫をはじめとするビューロー職員は、誇りを持ってユダヤ人輸送の添乗業務に当たった。大迫は回想録の中でこのことに触れ、「私たちビューローマンのこうした斡旋努力とサービスが、ユダヤ民族の数千の難民に通じたかどうかは分からないが、私たちは民間外交の担い手として、誇りを持って一生懸命に任務を全うしたことは確かである」と述べている。その寄り添う思いは確実に避難民の心に届いていた。ビューロー職員は根井三郎と同様、「命のビザ」を繋いだ民間外交官だった。

神戸の小辻節三

ここでもう一人「命のビザ」を繋いだ小辻節三《こつじせつぞう》という人物を紹介したい。小辻は一八九九年、京都の賀茂《かも》神社の神官の家に生まれた。十三歳の時に聖書と出会い、二十八歳で留学のため渡米。ヘブライ語を学んだ。一九四〇年十一月頃、鎌倉にある小辻の自宅に神戸から一通の封書が届いた。それは神戸ユダヤ協会からだった。

「敬愛なる小辻教授殿」で始まる文面には、ヨーロッパから神戸へと逃れてきたユダヤ人同胞の問題が切実に訴えられていた。その問題とは、リトアニア・カウナスで杉原が発給した日本通過ビザの滞在日数が、わずか十日間しかないというものだった。先述のとおり、避難民の渡航先はカリブ海にあるキュラソー島や南アメリカ北東部にあるスリナムといったオランダ領だったが、彼らの多くはアメリカ行きを希望していた。しかし、わずか十日間でアメリカの移民ビザを取ることは難しく、期間を過ぎると彼らは強制送還される恐れがあった。

小辻節三〔山田純大提供〕

協会の代表者が、滞在日数の延長を求めて外務省などに掛け合うが、取り合ってはくれなかった。思案に暮れていた時、ある協会関係者が小辻のことを思い出した。小辻は一九三九年十二月二十三日、満洲のハルビンで開かれた第三回極東ユダヤ人大会で、南満洲鉄道株式会社を代表して挨拶をしていた。そのスピーチに聴衆は思わず息を呑んだ。小辻が旧約聖書の一節を引用し、古典ヘブライ語で感動的なスピーチを行なったからである。参加したユダヤ人は小辻に尊敬の眼差しを向け、全員が立ち上がって拍手を送った。

小辻はこの時、南満洲鉄道総裁の松岡洋右《ようすけ》からアドバイザーの要請を受け、一家で満洲へ渡っていた。松岡総裁は満洲国経営にあたり、ユダヤ人の頭脳と経済力を視野に入れ、小辻の持つ語学力とユダヤ人に関する知識を必要としていた。小辻は満洲のユダヤ人のために、学者として自らの知識が役に立てばという思いで、松岡の要請に応じていた。神戸ユダヤ協会の関係者は、その小辻が今は鎌倉にいることを思い出し、藁《わら》をもつかむ思いで協力を依頼したのである。

鎌倉で協会の代表者と会い、窮状を知った小辻はすぐ神戸に向かった。神戸のユダヤ協会に着いた小辻は早速、責任者のA・ポネヴィジスキーから現在抱えている三つの問題を聞いた。

一、難民と日本人との間に生活習慣、宗教観などの違いからトラブルが起きていること
二、敦賀で行先国の入国許可書を持たない難民たちは、ウラジオストクへ送還されているが、ウラジオストクでも再上陸できず日本海を漂っていること
三、日本での滞在延長の許可がもらえず、このままでは強制送還になること

小辻は早々に、一番目のトラブルの対応にかかった。それは、戦死した日本人の葬儀の列をユダヤ人が帽子をかぶったまま見ていた時、警官が無礼だという理由で逮捕したというケースだった。小辻はすぐに警察署へ行き、「彼らは敬意を払うときに帽子をかぶり、そうでないときは帽子をかぶらない習慣です」と日本との習慣の違いを説明し、彼らを釈放してもらった。またある朝、ミール神学校の学生が神戸元町のデパートの屋上で天を仰いで祈りを捧げていた。彼が額に付けていた黒い小箱[※6]が交信器と思われ、スパイ容疑で警察に逮捕されたケースもあった。小辻はすぐに警察へ出向き、ユダヤ教の祈りについて説明し誤解を解いた。

二番目の対応については、小辻は外務省をはじめ関係機関を回り、駐日オランダ大使館の協力を取りつけて「キュラソービザ」を手に入れ、彼らを無事に上陸させることができた（八四頁参照）。

しかし三番目の問題は簡単に解決できなかった。外務省に掛け合った小辻は、職員から全く相手にされなかった。それどころか、今後彼らのビザ延長の件に関わるなと厳命された。そこで小辻は、満鉄時代の総裁で現在は外務大臣になっている松岡に相談を持ち掛けた。松岡は小辻の話を聞き、ある方法を教えた。神戸に滞在する避難民のビザ延長については、兵庫県知事の権限下にある。ドイツや日本の軍部に注意を払いつつ、もし県知事を動かすことができたら、外務省はビザ延長の件を黙認す

※6　聖書の句が入った小箱でテフィリンと呼ばれる。男性のユダヤ教徒が朝の祈祷の際、額と腕に付ける。日本の修験者が頭にかぶる頭襟《ときん》に似ている。

ると松岡は約束した。この言葉に力を得た小辻は、実際に滞在許可証を発行する警察本部の幹部たちと接触を重ね、ビザの延長を勝ち取っていった。

避難民たちがそれぞれの目的地へ旅立った後、ようやく小辻にも鎌倉の自宅で家族と共に静かに暮らす生活が戻ってきた。しかし戦況が悪化するにつれ、これまでのユダヤ人との関わりから特高《とっこう》（特別高等警察）や憲兵隊から監視され取り調べを受けるようになった。特に憲兵隊の取り調べは拷問そのもので、小辻は「暗殺者リスト」にも記載されていたという。小辻は家族の安全を考え、満洲国のハルビンへ行くことを決心した。皮肉なことに、ユダヤ避難民と同じように祖国を追われて逃げ惑う身となった。

ハルビンで終戦を迎えた小辻一家は何度も危険な目に遭いながら、一九四六年十月に九州の博多へ上陸した。日本に戻った小辻は、語学を活かして赤十字社に勤めたり貿易会社で働いたりと生活の立て直しを図ったが、元来学究肌の小辻にとってはどの会社も居心地が悪く、長続きしなかった。この頃から小辻は、アメリカで旧約聖書を学びユダヤ教へ改宗することを考えるようになった。満洲でユダヤ人たちと交流したことが大きな要因だった。

一九五九年八月八日、小辻は改宗するためにイスラエルへ飛んだ。翌九月、エルサレムでの宗教審議会で「喜んであなたをユダヤ教に迎えます」と告げられた。割礼を受け、「アブラハム小辻」としてユダヤ教徒となった小辻は、一九六三年から生活の基盤をアメリカに移し、単身ニューヨークで生活を始めた。しかし、体調不良を訴えた小辻は日本へ帰国。闘病の末、一九七三年十月三十一日に鎌倉の自宅で七十四年の生涯を終えた。その顔は、波乱に満ちた人生に反してとても穏やかだったという。

小辻は晩年、二人の娘に対し「百年以内に誰か、自分を分かってくれる人が現れるだろう」という言葉を残している。自分を頼ってきた者を見捨てずに、精一杯力を貸す。ユダヤ避難民に寄り添った小辻の行為は、今に生きる私たちに人としての在り方を示している。

神戸ユダヤ協会

本章の最後に、ヨーロッパから日本へ逃れてきたユダヤ避難民の支援を行ない、小辻が危険な目に遭っても協力していた神戸ユダヤ協会（以下、協会）について述べておきたい。

当時の協会は、神戸市神戸区山本通一丁目六（現在の神戸市中央区の一宮神社の北側）にあった。アメリカのニューヨークにある「アメリカ・ユダヤ人共同配給委員会」[※7]から送られてくる救援金などを活動資金にして、ユダヤ人の同胞を支援していた。彼らの活動は反共産主義を掲げていたことにより、兵庫県外事課[※8]や神戸憲兵分隊から注目され、大きな信頼と支持を得ていた。そのお陰で、協会はユダヤ避難民の身元保証という役割を担うことができた。

※7　「The American Jewish Joint Distribution Committee」略してＪＤＣ。ジョイントという名で知られるユダヤ人などを救援する機関。
※8　外国人の取り締まりや、海外にいる日本人共産主義者の調査などを行なっていた部署。

避難民は協会から衣食住の提供や現金の支給を受け、神戸で生活することができた。しかしそれはあくまで一時的な滞在であり、彼らにとって安住の地ではなかった。そのような中、神戸のユダヤ人にとって信じられない出来事が起きた。

一九四一年二月二十一日、キリスト教「きよめ教会」に所属する大阪、京都、神戸の教会がユダヤ避難民の窮状を知り、協会にリンゴを寄贈したのである。信者の中には、「ユダは裏切り者であり、その末裔《まつえい》のユダヤ人たちに、なぜリンゴを配るのか」と問う者もいた。その時、配給に参加していた斎藤源八《げんぱち》牧師は、「ユダヤ人たちは大変な旅をしている。せめて彼らに水の一杯でもあげたかった」と答えた。日本に滞在した避難民たちは、新天地への不安を抱きつつも、神戸での生活で日本人の優しさや親切に触れたことにより、どれだけの安らぎと勇気を得たか計り知れない。

二〇一五年末、神戸市が市民に情報提供を呼びかけて七十五年前の避難民について調査が行なわれた。その結果、多くのユダヤ人が協会近くの北野町《きたのちょう》や山本通《やまもとどおり》に居住していたことが分かった。彼らは週二回、生活費や食料の支給を

ユダヤ避難民にリンゴを配る神戸の牧師たち〔斎藤真人提供〕

協会から受けており、祖国や近親者の情報も協会から得ていたので近いほうが好都合だったからである。彼らは個人の家に寄宿した者もいれば、金銭に余裕のある者はホテルに滞在した。多くの避難民が来たために神戸で住宅が不足した際、協会は空き家になった洋館を借り上げた。一九四〇年九月、日独伊三国同盟が締結されたために、神戸の北野・山本地区に居住していた英米人が引き揚げた後に残された物件だった。

多くの避難民は、行先国が決まらないまま神戸に滞在を続けていた。アメリカとの開戦に備えていた政府は、一九四一年九月末を目途に、ビザが必要のない上海の日本租界地《そかい》※9へ彼らを移送する方針を固めた。九月十七日、避難民を乗せた最後の船が神戸から上海に向けて出航した。この船に乗ることができなかった婦人や子供、病人などは、後から長崎に移動して上海へ旅立った。その数は合わせて二千人あまりであった。

ヨーロッパでの戦禍や迫害から逃れ、一万キロ以上の旅を続けてたどり着いた神戸の地も、戦争の足音が近づくにつれ、決して安全な場所ではなくなった。思い出深い神戸の街を後に、彼らが向かった上海の日本租界地では、さらなる苦難が待ち受けていた。避難民は大勢の中国人と共に狭い地域に押し込められ、居住および外出などで大きく制限され、食料の配給制などにより飢えが蔓延《まんえん》した。さらに一九四四年の暮れから、連合国軍による上海空襲で多くの避難民が死傷した。

※9　中国の開港都市において、外国人がその居留地区の警察・行政権を掌握した組織および地域のこと。

第6章　ヘブンと呼ばれた敦賀

平和を実感した町

多くのユダヤ避難民が上陸した敦賀は、日本海屈指の天然の良港として発展してきた。一八九九年七月十二日、住民の念願であった開港場《かいこうじょう》（外国貿易港）に指定され、一九〇二年にはウラジオストクとの定期航路が開かれた。さらに一九一二年六月にはシベリア鉄道を使った世界一周ルートが開設され、敦賀・東京間にウラジオストクとの連絡船に接続するための欧亜《おうあ》国際連絡列車が走った。敦賀はヨーロッパへの最短路として脚光を浴びると共に、文字どおり異国情緒あふれる港町へと変貌していった。本章では、この敦賀という町に焦点を当てる。

ユダヤ避難民が上陸した頃の敦賀港

一九四一年二月二日、厳冬の敦賀港に着岸した船から重い足取りでタラップを降り始めた人たちがいた。その中に、両親に手を引かれた一人の少年がいた。彼の名はレオ・メラメド。後にアメリカのシカゴ・マーカンタイル取引（ＣＭＥ）に通貨先物市場を創設し、「金融先物市場の父」と呼ばれた人物である。敦賀に降り立ったレオ少年は九歳だった。

メラメド一家はポーランド北東部の町で平穏に暮らしていた。しかし迫害の手が迫り、このままポーランドに留まれば死は避けられないと考えた父親の指示で、母親とレオはリトアニアへ向かった。その後、在カウナス日本領事館の杉原から日本通過ビザをもらうことになる。レオの父イッサークと母フェイグラの名前は、杉原がプラハで作成した「杉原リスト」の八月十四日の欄にそれぞれ記載されている。

カウナスを後にした一家は、シベリア鉄道でモスクワからウラジオストクに行き、冬の厳しい日本海を敦賀へ渡った。レオ・メラメドは後に、敦賀の印象を次のように語っている。

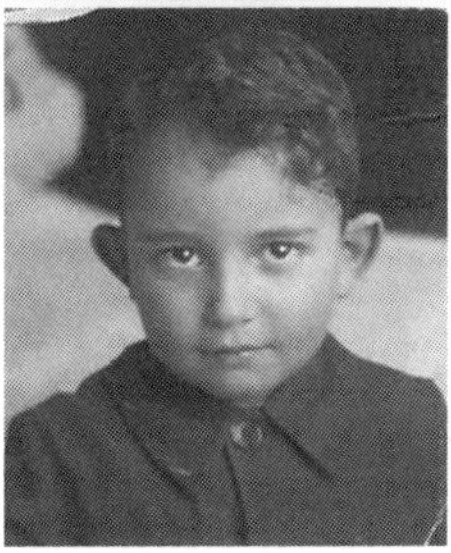

レオ・メラメド（下）と母フェイグラ

「敦賀に着いた時、山々の頂が白かったことを今でも覚えています。地面にも雪が積もっていました。しかし、不思議と空気は温かく感じられました。きっと、敦賀難民の私たちを迎え入れてくれた、敦賀の皆さんの温もりを肌で感じたのだと思

敦賀港の天草丸〔「ふるさと敦賀の回想」より〕

います」

メラメドにとって、敦賀はまさに平和を実感した町だった。一家は敦賀に上陸した後、神戸に移動し、東京のアメリカ領事館から移住ビザの割り当てを受け、四月五日に平安丸で横浜からアメリカのシアトルに向かった。同月十八日シアトルに到着し、しばらく滞在した。メラメド一家のポーランドからの長い過酷な逃避行は、ここが終着点となった。

一方ドラ・グリンバーグは、身重の体で敦賀にたどり着いた。彼女は神戸で長男を無事に出産。後にオーストラリアのシドニーで暮していた彼女は、日本のテレビ取材に対して、敦賀のことを「パラダイス、ヘブンのような町」と、感謝と親しみを込めて語った。神戸生まれの長男ロバートはインタビューに応える母親の隣に寄り添い、彼女の肩を優しく抱いている姿が印象的だった。

敦賀に到着したが最終目的地のビザがないために上陸できず、ウラジオストクへ送り還された避難民もいる。先述のとおり、一九四一年三月十三日の早朝、天草丸で敦賀港に入ったユダヤ人乗客七十四人がウラジオストクへ送還された中に、十九歳のベンジャミン・フィンケルシュテインがいた。彼はポーランドのワルシャワで生まれ、四〇年八月七日にカウナスで杉原からビザを受給していた。しかしその時すでにオランダ領事館は閉鎖されており、キュラソービザをもらえなかった。行先国のビザを持っていなかったため、フィンケルシュテインは敦賀で上陸を拒否され、三月十七日、厳寒のウラジオストクへ送り還された。ウラジオストクでは下船することも許されず、彼を乗せたまま天草丸は再び敦賀に向かって出航。ここで事態は大きく変わる。敦賀港へ着いた時、小辻たちの尽力があって神戸ユダヤ協会が駐日オランダ大使館から彼のキュラソービザを出してもらっていたのである。これにより、彼は晴れて敦賀の地に上陸することができた。ベンジャミン・フィンケルシュテインはその時のことを、「あの瞬間、敦賀の町がヘブンに見えました」と述懐している。

優しかった市民

一八九九年七月に開港場に指定され、一九一二年六月に国際連絡列車が運行されたことにより、敦賀にとってヨーロッパは身近な存在となり、市民は外国人を見慣れていた。しかし一九四〇年の夏頃より、ウラジオストクから入港する船客は違っていた。新聞などの報道で、ヨーロッパからの避難民であることは市民も分かっていたが、明らかにいつも目にする旅行客の姿ではない。連日上陸してくる避難民を、当時の敦賀市民はどのように見ていたのだろうか。

一九四〇年秋、敦賀市の商業学校二年生だった山本孝太郎《こうたろう》は、港から氣比《けひ》神宮の方向へ歩いている二十～三十人の外国人と出会った。山本は、これが噂に聞いていたヨーロッパからの避難民だと感じ取った。彼らの大半は成人男性で、身につけていた背広はひどく汚れてズボンの裾は破れ、靴は針金で繕《つくろ》われていた。

敦賀市内の小学校では朝礼の際に校長の訓示があり、高学年には担任の教師から避難民についての簡単な説明がなされた。自分たちの国を持たないユダヤ人は世界各国に散らばっており、金持ちや学者、優秀な技術者も多く、今は戦争で追われて放浪しているが、落ちぶれた服装だけを見て彼らを見くびってはならないと教えられた。家庭では保護者が新聞の情報を子供たちに聞かせた。中等学校でも小学校と同様、各教室で教師が説明した。

敦賀駅前にあった渡辺時計店の娘ヒサは、一九四〇年か四一年頃に店先で避難民を目撃した。港に船が入る度に、着の身着のままの外国人が店にやって来ては両手で空っぽの財布を広げ、食べ物がない仕草をしながら、身につけている時計や指輪を「ハウ・

駅前の渡辺時計店

マッチ」と言って売りに来た。店に来た避難民は、売却したお金を持って駅前のうどん屋で食事することもあった。ヒサの父はそんな彼らを見て「気の毒や」と言い、店にあった食べ物を渡した。ヒサ自身もふかし芋をあげたことがあった。

買い取られた指輪などの装身具は、ほとんどが度重なる空襲のため残念ながら焼失したが、ヒサが身につけていた婦人用の腕時計だけが奇跡的に残った。かつて避難民の婦人が売却したものだった。現在この時計はヒサの好意により敦賀市へ寄贈され、「人道の港　敦賀ムゼウム」に展示されている。これは彼らが敦賀に残した唯一の物的証拠であり、避難民が確かに上陸したという証である。

一九四〇年九月二十七日、ウラジオストクに集まった避難民に衝撃的なニュースが伝えられた。日本がドイツ・イタリアと日独伊三国同盟を結んだというニュースだった。彼らは動揺したが、ヨーロッパに戻るという選択肢はなかった。一抹の不安を抱えつつも、アメリカや日本から支援の手を差し伸べるユダヤ人同胞を信じ、敦賀に向かった。

そんな避難民が、敦賀の人たちから不当な扱いを受けたことはなかった。それどころか敦賀の人は無償でリンゴをくれたり、無料で銭湯を開放するなど優しい対応をしてくれた。しかし一方で、港の警備に当たっていた福井県警や公安職員が、防諜上の理由から避難民の行動を監視していたため、一

ユダヤ避難民が売却した婦人用腕時計

般市民は避難民へ容易に近づけなかった。

一九四〇年から始まった避難民の波は、翌四一年二月から三月にかけてピークを迎え、次第にその数は減っていった。新聞の報道によると、六月十四日に入港した河南丸《かなん》が最後となった。その後、六月二十二日にドイツ軍のソ連侵攻による独ソ戦が始まると、モスクワ・ウラジオストク間のシベリア鉄道が通行困難となり、欧亜国際連絡列車の運行も終わりを迎えた。こうして敦賀の町から避難民の姿は次第に消えていった。

これまで新聞各紙の記事は残されていたが、市民が目撃したはずの避難民に関する証言が見つかっていなかった。空襲で資料を焼失したのか、そもそも記録されていなかったのか、理由は不明である。そんな中、地元の歴史愛好家の集まりである日本海地誌《ちし》調査研究会の「敦賀上陸ユダヤ難民足跡《そくせき》調査プロジェクトチーム」が二〇〇六年から一年がかりで市民に聞き取り調査を行なった。上陸した避難民の状況、敦賀に宿泊した旅館の特定、彼らに無料開放された銭湯「朝日湯」の様子、避難民にリンゴを提供した子供の情報など、避難民を目撃した二十九人から三十三件の証言[※1]を得ることができた。ここに紹介したのはそのほんの一例である。

林田特派員のレポート

避難民が敦賀へ上陸する様子は、地元紙だけでなく全国紙も報じていた。避難民の上陸がピークを過ぎ、終息に向かおうとしていた一九四一年六月四日、六日、七日と、朝日新聞が「世界の敦賀」と題して特集記事を掲載した。避難民を取材するため、林田重五郎《じゅうごろう》記者が特派員として敦賀に送り込まれた。林田記者は上陸した避難民の様子を次のように報じている。

「汽笛がボーと港中に響き渡る。港口灯台の外側にウラジオストクから船が入ってきたのだ。……検疫が終わって、船は桟橋に近づく。サロンでは提示金の不足、旅券の不備などで係官が汗まみれになって尋問を続けている。……旅具の検査が始まる。流民はせいぜい二、三個のトランク、それも開いて見るとガラ空きで、牛乳の空瓶が転がりパンと古靴が同居しているだけ。……『ユダヤ人もいよいよ落ち目の方だな』と検察官が呆《あき》れている」

林田記者はまた、四日の記事で「日本海上の流産」と題して、ポーランドから戦火を逃れて上陸した避難民の一人が敦賀の旅館で医者から手当てを受けたことを報じた。記者は、夫であるアドモンド・ジルバーファインにインタビューをしている。以下が掲載記事の内容である。

問　どうして神戸へ行かないのかね。

答　妻が日本海で赤ん坊を生んだ。まだ四カ月だった。日本の警官も医師も親切だ。特に医師の素晴らしいのに驚いている。上手なドイツ語にラテン語さえも知っている知識の深さ、器用な手つき……。

問　今までは？

※1　巻末資料④に市民の証言記録の一部を掲載した。

答　スロバキアのカルバト山麓で生まれ、もとのポーランドはシレジアのクラコウの専門学校で地理と歴史を教えていた。一昨年九月に戦いを避けて流浪を始めた。シベリア鉄道の長い九日間の旅、暗く厳しいソ連の空気、日本船に乗って一息した時、妻は長い旅の疲れで倒れたのだ。無理もないけれど、結婚以来九年ぶりに生まれようとした子供だけに惜しくて、私も妻も泣いた。敦賀へ着くと予想もせぬ好意に満ちた日本の取り扱い、美しい風景、女中はニコニコと氷やパン、ミルクを買ってくれる。このお陰で妻は命拾いをした。

問　これからは？

答　神戸へ出て便船を見つけ、南米チリのサンチャゴへ行く。友達が待っている。また教師をしたい。なるべく良い地位に就かないとお金も少なくなってきた。

その後の調査により、治療を施した医師が産婦人科医の竹内隆良《たかよし》医師であることが判明し、往診に同行した看護師から貴重な証言[※2]を得ることができた。このことは、まさに「人道の港」という名にふさわしい敦賀の史実である。

杉原サバイバーたち

杉原からビザの発給を受けた避難民の数は、杉原リストによると、二千百四十名に上る。また杉原は後年のインタビューで、四千五百枚のビザを書いたとも証言している。それでも避難民は、ビザをもらったからといって全員が日本に来られたわけではなかった。移動に伴う資金が不足して旅ができなかったり、長旅で健康が損なわれて断念せざるを得なくなったり、国元に残る親族と別れることができずに諦《あきら》めたり、様々な理由があった。敦賀に上陸できた避難民は、一握りの幸運な人たちだった。

最後に、避難民が上陸した際の敦賀の印象や移動の様子を語った証言を一部紹介する。

●ヘンリック・シャグリン Henryk Schagruen《杉原リスト213番》

一九四〇年七月三十日に杉原ビザ取得。妻リィチェルと子供二人を連れて日本を目指した。後年、息子のマルセルはこの時のことを次のように証言している。

「敦賀に上陸した私たちは、すぐに神戸へ移動しました。神戸で二カ月あまり過ごし、次の上海では八年も過ごしました。第二次世界大戦が終わり、一九四八年十二月、私たちはイスラエルを目指すことになりました。しかし出発する二週間前、今までの苦労からか父ヘンリックが倒れ、帰らぬ人となってしまったのです。父は上海の地に埋葬しました。一九四九年二月十四日、私は母リ

※2　詳細は巻末資料④証言10参照。

シャグリン一家の写真

ィチェルと姉と三人で憧れていたイスラエルに到着しました。その後、残念ながら母も亡くなりましたが、現在、私の姉には二人の息子と五人の孫がいて幸せな毎日を過ごしています」

マルセルの厚意により、「人道の港　敦賀ムゼウム」には、杉原ビザと家族の写真（共に複製）が展示されている。その写真には、目のクリっとしたマルセル少年と両親、そしておさげ髪の姉が写っている。この写真の原板は、イスラエルのジフロン・ヤアコヴ[※3]に住むマルセルの手元で大切に保管されている。

●ゾラフ・バルハフティク Zorach Warhaftig《杉原リスト455番》

一九四〇年七月三十日に杉原ビザ取得。ポーランドのワルシャワ生まれ。弁護士として活動していたバルハフティクは、若手のシオニスト指導者でもあった。リトアニアへ逃れた彼は九月末、妻ナオミ、長男エマヌエルを連れ、ウラジオストクに向けてヴィリニュスを出発。十月十六日にウラジオストクを出航し、十九日に敦賀へ上陸した。

ゾラフ・バルハフティク

彼は日本の印象を、自著[※4]にこう記している。

「敦賀で下船した。風変わりでエキゾチックな土地だった。人々は規律正しく勤勉で、一見したところ穏やかだが、内向的で疑い深くもあった。ヨーロッパでは、日本人と中国人、朝鮮人の区別が全然つかなかったが、ここに来て、少しずつ日本人の容貌の特徴が分かるようになった。……日本に安息日はなく、官庁と大手企業のみが日曜に休むだけである。軽い木でできた小さな家屋は、手入れが行き届いて清潔である。それが都会や田舎のいかんを問わず、際限もなく立ち並んでいる」

一九四一年六月五日、バルハフティク一家は氷川丸に乗り、横浜からカナダのバンクーバーへ向かった。その後アメリカに六年間滞在し、一九四七年八月にイスラエルの地を踏んだ。翌年の五月十四日、彼はユダヤ民族評議会のメンバーとしてイスラエルの独立宣言に署名した。その後、国会議員として国政に携わり、約十二年間宗教大臣を務めた。

一九六九年十二月、イスラエルを訪れた杉原と約三十年ぶりに再開を果たした。

●ヤコブ・ベルテンス Jakob Wertans《杉原リスト１４４３番》

一九四〇年七月三十一日に杉原ビザ取得。ポーランドのワルシャワ生まれ。エンジニアだったベルテンスは、妻と娘ニーナを連れて翌年三月に敦賀へ上陸。その時九歳だったニーナは晩年、自らの伝記に次のように綴っている。

「一九四一年二月の初め、リトアニアのヴィリニュスを離れ、汽車でモスクワへ向かいました。その

※３　テルアビブの北約六十㎞に位置する地中海沿岸の町。

※４　滝川義人訳『日本に来たユダヤ難民』（原書房、一九九二年）。

後、シベリア鉄道でウラジオストクへ十二日間の旅をしました。ウラジオストクを出る時、大人たちは税関で徹底的に検査されました。私たちは停泊していた天草丸に乗り込み、荒れた海を航海しました。大人たちは船酔いしましたが、私は大丈夫でした。私たちは日本に到着し、当局によってビザのチェックを受けました。宿泊した旅館は静かで美しく、石の庭がある素晴らしいものでした。部屋は障子と戸で仕切られていました」

その後、ベルテンス一家は神戸に滞在した後、八月頃に上海へ向かった。

●サムエル・マンスキー Samuel Majski《杉原リスト１５４４番》

一九四〇年八月九日（杉原リストでは八月八日）に杉原ビザ取得。ポーランドのリダ生まれ。一九四一年二月十三日、二十歳の時に敦賀へ上陸した。

サムエル・マンスキー

「小さな家々が建ち並び、花にあふれた美しい町並みだった。非常に礼儀正しい人々が住む町というのが敦賀の第一印象だった。私は敦賀で初めてバナナを食べた。あんなにおいしいものを食べたのは生まれて初めてだった。バナナを見ると敦賀のことを思い出します」

その後、神戸に移動して二カ月あまりを過ごした。神戸では町を散歩したりお店をのぞいたりして、アメリカ行きのビザが

愛読者カード

お買い上げありがとうございます。今後の貴重な資料とさせていただきますので、次のアンケートにご協力下さい。小社の新刊やイスラエル物産など、各種ご案内を差し上げます。また、このハガキで小社出版物のご注文も可能です。

● お買い上げの書名

● お買い上げ店　市 区　書店　年 月

● 興味をお持ちの分野は何ですか？

1. 聖書　2. イスラエル古代史　3. イスラエル現代史
4. ヘブライ語　5. ユダヤ音楽・ダンス　6. ユダヤ思想
7. その他（　　　　　　　　　　　　　　）

● 本書についてのご意見・ご感想など、ご自由にお書きください。

■ 図書注文書

※送料は別途実費かかります。

書　　名	定　価	申込数
		部
		部

イスラエル・ユダヤ・中東がわかる隔月刊雑誌　みるとす
見本誌希望 □　【定期購読 1年 ¥3,600　2年 ¥6,600】

※お客様の個人情報は、小社からの連絡のみに使用します。社外に提供することは一切ありません。

郵便はがき

料金受取人払郵便

103-8790

日本橋局承認

6933

938

差出有効期限
平成33年2月
28日まで

（受取人）

東京都中央区日本橋蛎殻町 1-13-4
第1テイケイビル4階

株式会社 ミルトス 行

1038790938 2

ご住所 〒 電話 （ ） E-Mail @	
お名前（ふりがな）	
ご職業 1. 会社員 2. 会社役員 3. 公務員 4. 教職員 5. 学生 6. 自由業 7. 商工自営 8. 農林水産 9. 主婦 10. その他（ ）	

下りるのを待った。四月三十日にアメリカのビザを入手し、五月十八日にシアトルへ到着。そこからボストンへ移動して父と合流した。

彼は晩年、自分がもっと若くて体調が良かったなら敦賀に行き、自分や同胞たちが受けた恩に対して感謝の気持ちを伝えたいと話していた。

「私にとって敦賀は人生そのものです。ビザを持っていたとしても、敦賀が受け入れてくれなかったら、自分のその後の人生はなかったと思います」

彼にとって敦賀はヘブンと呼ぶにふさわしい町だった。ちなみに、杉原リストの次の１５４５番には、彼の母親リバ・マンスキーの名が記されている。

●ヴォルフ・クラコフスキー Wolf Krakowski《杉原リスト１６７４番》

一九四〇年八月十三日に杉原ビザ取得。その後クラコフスキーは、妻、長男ジャン、長女エリザベスと共に、モスクワからシベリア鉄道に乗ってウラジオストクに到着。一九四一年三月に敦賀港へ上陸した。しかし、船が予定より遅れて到着したために下船が夜になり、すでに列車は走っていなかった。そのため神戸に行くことができず、近くで宿を取ることになった。

三月とはいえ、まだまだ寒い季節である。彼らが通された畳の部屋には、火鉢が一つだけ置いてあった。また部屋の外では女性がクスクス笑う声が聞こえ、旅館は一晩中賑やかだった。彼らが宿泊した場所は敦賀港近くの遊郭《ゆうかく》だった。三味線や太鼓、酔客の声などが聞こえていた。日本に逃げてくるまでの間、笑い声などほとんど聞くことのなかったクラコフスキー一家にとって、酔っ払いの騒ぎ声であってもホッとする瞬間だったのかも知れない。

温かい布団の中で、まだ赤ん坊のエリザベスがすやすやと眠っているのを兄ジャンは眺めていた。彼にとって、敦賀の夜は忘れることのできない思い出となった。その後、神戸に滞在した一家は五月、イスラエルの地を目指して、まにら丸で神戸港を発った。

第3部　戦後の杉原千畝

バルハフティク宗教大臣との再会（1969 年、イスラエル）
〔杉原伸生提供〕

第7章　敗戦から帰国

日本への帰国

一九四一年十一月二十七日、杉原はケーニヒスベルクから、ルーマニアのブカレストにある日本公使館への異動を命じられた。十二月十九日にブカレストへ着任した杉原を待っていたのは、戦時下ではあったが比較的平穏な生活だった。

しかし、それは長くは続かなかった。ドイツ軍の劣勢と共にブカレストでも空襲が続くようになった。ブカレストの日本公使館にも日本の戦局が日増しに悪化していることが伝えられ、一九四五年八月十四日に日本はポツダム宣言を受諾して降伏した。公使館の筒井潔《きよし》公使をはじめ杉原たち職員とその家族は、進駐してきたソ連軍によって収容所へ送られた。

外務省は公使たちが収容所を出て日本へ帰国できるよう、駐日スウェーデン外交使節団を窓口に、ルーマニアにあるスウェーデン公使館を通じてソ連側と交渉を始めた。しかし、一九四六年六月十九日に当初予定していたアメリカ経由での引揚が不可能となったため、スウェーデン公使館はソ連側と改めて交渉をしているという報告が、スウェーデン外交使節団から外務省に届いた。その後の交渉により、モスクワおよびシベリア経由で帰国できることになったが、具体的な方法がまとまらず交渉は進展しなかった。十月八日、外務省は終戦連絡中央事務局を通じてGHQ(連合国軍最高司令官総司令部)[※1]に彼らの一日も早い引き揚げ斡旋を依頼した。

これが功を奏したのか、筒井たちは十一月十六日に収容所を出てブカレストを後にした。しかし移送されたのはウクライナ南部の黒海に面した港湾都市オデッサで、そこに二カ月あまり収容された。そして一九四七年一月、厳冬のオデッサ収容所を出発し、鉄道の支線から支線と列車を乗り継ぎ、オムスクでシベリア鉄道の本線に入った。その後ノボシビリスク、クラスヤルスク、イルクーツク、チタ、ハバロフスクと収容所を転々と移り、約一カ月後にナホトカへ到着。シベリア鉄道の長い旅はここで終わった。しかし、ナホトカの収容所では約一カ月間足止めさせられた。

一九四七年三月中旬、彼らは船でナホトカを発ちウラジオストクへ向かった。しかしウラジオストクで乗り換えた汽船ノヴォシビルスク号は、すぐに日本へは向かわず、最後の引揚者を乗せるため朝鮮半島を迂回して大連《だいれん》港を目指した。祖国日本まではあと少しだった。

大連に到着した一行は、約一週間後に恵山《えさん》丸という貨物船に乗り換え、博多に向けて出帆した。一九四七年四月五日、一行は懐かしい日本の博多港へ入港し、検疫などを終えた七日にようやく上陸することができた。杉原にとっては、フィンランド・ヘルシンキの日本公使館へ赴任して以来、実に九年八カ月ぶりの日本だった。

四月九日、杉原一家は博多を出発して静岡県沼津《ぬまづ》市に向かった。沼津は妻幸子が生まれた町である。幸子は一九一三年七月十二日に沼津町立沼津商業学校（現・静岡県立沼津商業高等学校）の教諭菊池文雄《きくちふみお》と妻つるの長女として誕生した。その後は、父の転勤のため岩手県盛岡市や香川県高松市へ転居した。沼津では妹文子《あやこ》が嫁いでいた田中義幾《よしいく》宅に一時滞在した。田中宅に着いた直後、杉原のもとに外務省から呼出状が届いた。杉原は急いで沼津を発ち、十五日に東京へ到着。東京の町並みは度重なる空襲によって灰燼《かいじん》に帰していた。多くの人が住む家を失い、明日の生活にも困窮していた。杉原はそのような状況下の東京に家族を連れて行くことはできないと考えていたので、まず単身で上京した。

外務省に帰国報告をした後、杉原は妻と子供たちを呼び寄せるため、神奈川県藤沢市の鵠沼《くげぬま》に借家を探した。なぜ鵠沼に家を求めたのかについて、息子の伸生は「父は外務省へ行った帰り、鵠沼の広田弘毅《こうき》宅を訪れた。以前、満洲国外交部の鉄道交渉について報告する際に、当時外務大臣だった広田宅を何度か訪れ、泊めさせてもらっていたようだ」と語る。

杉原が訪れた時、広田は戦争犯罪の容疑者として巣鴨《すがも》プリズンに収容されていた。本人は不在だったが、それでも杉原は尊敬する広田の家族に帰国の挨拶をするため立ち寄った。この後、杉原は広田の屋敷の近くに借家を探すことにした。広田が鵠沼へ戻ってきた時、近くに居たいと考えたのかも知

※１　連合国軍の日本占領に伴い、当初は外務省の外局として設けられ、ＧＨＱとの折衝を担当した機関。

れない。

ヨーロッパを後にし、戦争に負けて焦土と化した日本へ何とか帰国した杉原は、敬愛する広田の屋敷近くに居を構え、家族と共につかの間の安らぎを得た。しかしその後、広田は極東国際軍事裁判（東京裁判）で有罪判決を受けて処刑された。その報に接した杉原の心境は推して知るべしであろう。杉原は大きな悲しみを抱え、心にポッカリと穴が開いたような喪失感に打ちのめされた。

外務省を退職

一九四七年六月初旬、鵠沼の自宅で待機していた杉原は再び外務省から呼び出しを受け、突然退職を告げられた。六月十三日、岡崎外務次官の名前で杉原のもとに退職辞令が郵送されてきた。ＧＨＱの指令により、本省や在外公館の警察職員を含めた三分の二以上の外務省職員が人員整理の対象になった。その大きな理由は、日本国が敗戦によって外交権を失い、外務省の権限と機能が大幅に縮小されたためだった。外務省は本来の外交活動から占領管理に伴う業務を担うようになり、必然的に多くの職員が失職せざるを得なかったのである。

杉原は外務省を辞めるつもりはなかった。戦後も外務省で自分の力を発揮したいと思っていた。しかしその意思とは裏腹に、リストラの嵐の中で退職を強いられた。杉原の退職は、形式上は「依願退職」だった。外務省の機構改革による人員整理のため、否応なしに辞表を書かされた。これは民間でもよくある整理解雇で、解雇する側から言えば依願退職だが、解雇される側にとっては事実上の「クビ」だった。

杉原の退職問題については、これまでいろいろと語られてきた経緯があるので、もう少し詳しく見ていこう。後述のとおり、一九六八年八月二日付けの朝日新聞夕刊で、杉原がユダヤ避難民へビザを発給したことが紹介され、一般に知られるところとなった。その後、書籍やテレビで取り上げられるようになるが、外務省を退職したことについて注目されることはほとんどなかった。

一九八五年一月十八日、杉原は再びマスコミで大きくクローズアップされた。イスラエル政府が杉原に「諸国民の中の正義の人」という称号を授与したからである。この称号は、自らの生命の危険を冒してまでナチス・ドイツによるホロコーストからユダヤ人を救った非ユダヤ人を顕彰するものだった。杉原にこの称号が与えられたことにより、改めて多くの人たちが注目するようになった。同時にマスコミや一般の人たちが、このような立派な外交官を「クビ」にした外務省を批判し始めた。そしてこの問題は、国会でも度々取り上げられるようになった。

一九九二年三月十一日、渡辺美智雄《みちお》外務大臣は国会の予算委員会で、杉原が外務省を退職した理由について、「訓令違反で処分されたという記録はどこにもない。ビザ発給後も総領事館や公使館で七年間勤務した。だから処分されたわけではない」と述べ、ビザ発給が退職の要因ではないと答弁した。その後も退職に関する質問主意書※2に対して、政府は「杉原副領事は昭和二十二年六月七日に依願退職

※2　国会議員が内閣に対し質問する際の文書。

している。外務省において保管されている文書からは、その理由を確認することは困難である」と答えている。さらに外務省は、杉原について「懲戒処分が行なわれたとの事実はない」と繰り返し述べた。杉原の死後、退職問題は度々取り上げられ、杉原と外務省との関係に暗い影を落とした。

本当のところはどうなのか。杉原は外務省を去った後、逝去直前まで、外務省の現役職員や退職OBなどで構成される一般社団法人「霞関会《かすみがせきかい》」の会員だった。同会の会報の「会員短信」という欄に自ら寄稿し、新しい職場や住所など自らの近況を知らせている。特に一九八〇年四月号（№四一一）では、鵠沼から鎌倉市へ引っ越したことを伝え、近くへ来られた際には立ち寄ってくださいと記している。また妻幸子が出版した詩集を霞関会に寄贈している。

杉原が霞関会の会員であり続けたことを見ても、外務省との間に確執や軋轢《あつれき》があったとは考え難い。杉原はビザを発給する際、腹をくってクビを覚悟していたことは先述のとおりである。杉原は自らの行動に責任を持ち、他に転嫁しない潔い人間だった。杉原自身において外務省に対するわだかまりなどはなかったと考えられる。

様々な職業に就く

一九四七年六月、外務省を去った杉原は家族を養うためすぐに働きに出た。「明日、横浜の港へ行って仕事を探してくるから、帰りに何か美味しいもの買ってきてやるぞ」と、妻や子供たちに心配をかけないよう明るく振る舞った。その翌日、横浜港でトラックに貨物を運ぶ人足として働いた。六月の横浜は暑かったが、半年前にシベリアで経験した凍てつく寒さを思えば苦にはならなかった。まとまったお金が入ると、子供たちにお菓子を買ってくることもあった。それは杉原家にとってのささやかな幸せだった。

その後杉原は、財団法人世界平和建設団、在東京本門佛立宗扇教寺《ほんもんぶつりゅうしゅうせんきょうじ》社会事業団と職を移した。しかしいずれも在籍期間は短かった。杉原は、身につけた語学力や外交官としての能力を活かせる仕事はないかと思い巡らせていた。

二〇一九年十月、東京都港区にある一般財団法人「杉原千畝記念財団」から、杉原の職歴に関する新たな資料を発見したとの発表があった。その資料とは、一九四八年六月に扇教寺社会事業団を辞めた後、十一月二十七日に参議院総務部に職を求めて提出された履歴書だった。それによると一九四九年二月十四日、参議院総務部資料課に主事として正規採用されている。ここで七カ月半勤めた後、十月一日に退職した。退職の理由は明らかではない。これまでの杉原は緊迫するヨーロッパの最前線で情報を収集し、それを分析して本国へ送るという仕事に従事してきた。外交官としての能力をいかんなく発揮してきた杉原にとって、国会に関する文献や資料の調査・収集・整理、会議録の保存などという事務仕事は、適職ではなかったのかも知れない。

その後、ＧＨＱ東京ＰＸ本店（現・松屋銀座本店）、洋服生地の卸売り会社である米国貿易商会PONVE《ポンビー》、科学技術庁の日本科学技術情報センターと職場を転々とした。一九五七年十月頃には、ＮＨＫ国際局編成部の対ソ放送班の仕事に就いた。この時の興味深いエピソードが残されている。

一九五八年七月十四日、杉原はNHKのテレビ番組「私の秘密」[※3]に出演した。ソ連から初来日したボリショイサーカスの団長が番組に出演するので、その通訳として付き添うことになったのである。それを知らせるため、七月八日付けで弟一成《いっせい》の妻に次のような手紙を送っている。

杉原が出演した「私の秘密」〔杉原伸生提供〕

「今月十四日の夜、僕はホンの少しの間テレビに出ます。これは名古屋や大阪でも中継されますから見ていて下さい。晩の七時半から始まる『私の秘密』という番組の中の四番目か五番目に出るソヴエトのサーカス団長エーデル氏の通訳を頼まれて六、七分間出るのです」

しかしこの番組の映像は保存されておらず、確認することはできなかった。テープが残っていたら、杉原がロシア語で通訳している様子が見られたのに残念である。

杉原はNHKに勤務していた頃、もう一つの仕事を持っていた。東京復活大聖堂（通称ニコライ堂）の語学学校「ニコライ学院」の講師として、夜間にロシア語を教えていたのである。ニコライ学院は、一八七三年にニコライ神父によって創立され、第二次大戦後には米国からの援助もあってロシア語に加えて英語のコースもあった。[※4]

ＮＨＫ国際放送局の前で（1958 年頃）
〔杉原伸生提供〕

杉原がニコライ学院に勤めていたことを示す当時の資料が残されている。一九五九年十二月五日に同学院が発行した「時事ロシア語研究」という冊子の中に、ロシア語講座を紹介する記事がある。そこに「優秀な邦人講師と経験に富む外人講師を陣容とする当学院への入学を切にお勧めする」とあり、「講師　杉原千畝（元ハルビン大学教授）」と記されている。「元ハルビン大学教授」は事実ではないにしても、杉原が確かにニコライ学院の講師として勤務していたことを示す資料である。

ヘッドハンティング

外務省を退職後、杉原は様々な職業に就いた。しかし自分の才能を存分に活かすことができず、満たされない日々を過ごしていた。それは杉原にとって不遇の時代だった。しかしこの後、杉原を必要

※３　ＮＨＫ総合テレビで放送されたクイズ番組。
※４　ニコライ学院は生徒数減少のため一九九七年六月に廃校となり、百二十余年の歴史に幕を下ろした。

とする時代が到来する。

一九五六年十月十九日、モスクワで「日ソ共同宣言」が調印された。これにより日本とソ連は国交を回復し、両国の通商が大きく前進する機会となった。大戦後、日ソ貿易は不安定な増減を繰り返していた。しかし、日ソ共同宣言が調印されたことと、ソ連の最高指導者ニキータ・フルシチョフの意向もあって、両国の貿易額は右肩上がりに増加し、日ソ貿易は大きく発展した。

このような時、NHK国際局に勤めていた杉原に声をかけた人物がいた。川上貿易株式会社の川上国生《くにお》である。川上貿易は、日ソ共同宣言を受けてソ連との取引拡大を目指し、一九六〇年には他社に先駆けてモスクワのウクライナ・ホテルに駐在員事務所を開設。ソ連との貿易拡大に向けて、有能な人材を探していた。杉原の語学力と元外交官としてのキャリアが川上の目に留まり、一九六〇年五月、杉原は川上貿易にヘッドハンティングされた。

杉原は、今度こそ自分の能力を活かすことができると喜んだ。赴任先は、外交官時代に入国を拒否されたソ連のモスクワだった。この皮肉な巡り合わせに、杉原の心中は複雑だったかも知れない。

捜し出された千畝

一九六八年の初夏、杉原はモスクワから日本に一時帰国していた。ちょうどその時、駐日イスラエル大使館から藤沢の自宅に電話がかかってきた。この時、杉原は所用で不在だったため、妻幸子が電話を取った。用件は、杉原に会いたがっている人がいるので大使館まで来てほしいとのことだった。

杉原は、ビザを発給した避難民がその後どうなったのかを気にしていた。家庭で話題にすることはなかったが、彼らの消息が気がかりでイスラエル大使館を訪れたことがあった。その際に、大使館の職員に自分の住所と連絡先を告げていたのだった。

大使館からの呼び出しに、杉原は息子を伴って出かけた。同行した伸生によると、大使館で待っていたのはジェホシュア・ニシュリ経済参事官、モシェ・バルトゥール大使、ラビのマーヴィン・トケイヤー、そして大使秘書の赤池だった。

杉原に面会したニシュリは目を潤ませ、「お会いできて幸せです」と挨拶した。その後、杉原からもらったビザでどのようにリトアニアを脱出してイスラエルまでたどり着いたのか、涙を流しつつ話した。それは、ポーランドに残った叔父や叔母が虐殺された思い出と重なるものだった。カウナスで杉原から受けた温情は、ニシュリの心に深い感謝の思いになっていた。ニシュリは杉原に「何か私にできることがあれば、申し付けてください」と言った。

一九六八年八月二日、朝日新聞の夕刊に「ユダヤ難民四千人の恩人」と大きな見出しがついた記事が次のように紹介された。

「かつての難民たちはカウナスの恩人を忘れなかった。『捜し出してお礼を言いたい』という運動が起こった。いま駐日大使館経済参事官を勤めているジェホシュア・ニシュリさんもその一人。さる六月二十日来日する前、古いビザを複写して、東京のイスラエル大使館に送り、ビザに日本字で記されたサインを手掛かりに、恩人を捜し出してほしい、とバートウル駐日同国大使を通じて外務省に頼んだ。そして、ついに杉原氏であることがわかり、ニシュリさんは、さる六月休暇で帰京した杉原さんと二十八年ぶりに再会した」

また、二十八年前の恩に報いたいとするイスラエル官民の申し出で、四男の伸生がエルサレムにあるヘブライ大学に給費生として留学することも紹介されていた。この新聞報道から、杉原千畝の名前とその人道的行為が、広く世間に知られるようになった。

杉原を捜し出したジェホシュア・ニシュリについて、もう少し詳しく見てみよう。

いつ頃ビザが発給されたのかを調べようと杉原リストを確認してみると、すぐには見つからなかった。発給時の名前と現在の名前が一致しなかったため、確認作業は困難を極めた。二〇一八年十月、イスラエルに住む故ニシュリの家族から、当時のビザ、パスポート、顔写真などの資料が提供された。それらの資料から、杉原リストの七月三十一日発給分の550番に、ポーランド国籍で「Joszna Orlanski」というニシュリの旧名を確認することができた。

さらに「ヴィリニュス難民リスト、一九四〇年」[※5]によると、4207番に「Orlański Joszua」の名前があり、出生地はビャウィストク、一九一九年生まれと記載されており、ウッチという町からヴィリニュスへ逃れてきたことも判明した。これらはニシュリのパスポートの記述とも一致し、同時に杉原リストによって、ニシュリの兄ヤコブとその妻ポーラの名前も確認された。

ビザを受け取ったニシュリたちは、シベリア鉄道でウラジオストクへ向かい、そこから敦賀港に上陸し、短い間神戸に滞在していたという。その後、上海へ移動した彼らはイスラエルの地を目指した。

ジェホシュア・ニシュリ

ニシュリは杉原と感動の再会を果たした。ビザ発給当時二十歳だったニシュリは四十八歳になり、杉原は六十八歳になっていた。二十八年という月日が経っていたが、カウナスでの出来事は二人にとって、つい昨日のことのように思い出されるのだった。

※5　一九四〇年、ナチスの迫害からリトアニアのヴィリニュスへ逃れ、JDCの援助を受けたポーランドのユダヤ避難民リスト。

第8章　ソ連での商社員時代

ベイルートでの再会

一九六〇年九月中旬、杉原は川上貿易株式会社のモスクワ駐在員事務所に出張するため、東京の羽田空港を発ってモスクワを目指した。外交官時代、外務省からソビエト連邦・モスクワの日本大使館への在勤を命じられたものの、ソ連政府から入国ビザの発給を拒否され、行くことのできなかった因縁の地である。モスクワで三年前に開業したばかりの真新しいホテル・ウクライナに着くと、穀肥部《こくひ》の神馬喜久弥《じんまきくや》や燃料部の長伸生《ちょうのぶお》の出迎えを受けた。神馬はその後、川上貿易の社長となる人物である。

この出張の際、杉原がモスクワに行く前に立ち寄った場所がある。地中海に面した中東の国レバノンである。首都ベイルートの日本大使館に勤務していた新村徳也《しんむらとくや》に会うためだった。

一九四四年十二月、外務省から派遣されてトルコのイスタンブールに語学留学していた新村は、急遽《きゅうきょ》ルーマニア・ブカレストの日本公使館に転勤を命じられた。外務書記生として任官した新村は、公使館で電信事務と庶務の仕事に就いた。そこで一緒に働いた先輩が杉原だった。

新村は自著『一隅《いちぐう》を照らす』の中で、当時の杉原について次のように述べている。

「私は公使館で電信以外の仕事をしている時は、杉原書記官と机を並べていた。彼はヨーロッパ方面からの来客をもてなすために、よくパーティーを開いた。私はそのたびに招かれ、夜遅くまで杉原書記官邸でお世話になった。彼は豪胆な気質であったが、人に対しては紳士的で愛想が良かった。リトアニアの話は、彼の口から直接聞いたことは一度もなかった」

杉原と新村は、敗戦後も一緒に収容所生活を送っていた。苦楽を共にし、ソ連からやっとの思いで日本に帰国した同士だった。杉原は、公使館員の中でも自分と同じ語学専門の外務書記生だった新村に親しみを感じていた。

新村は妻の充恵《みつえ》を伴い、ベイルート国際空港に杉原を迎えに行った。博多で別れて以来、十三年ぶりの再会だった。空港で杉原を出迎えた新村は、所用で大使館に戻った後、自宅で杉原を歓待した。その時の様子を、新村夫人は「杉原さんと夫の話は盛り上がり、杉原さんは予約していたホテルに行かず、夜通し語り明かしていました。私もずっと付き合いました」と述懐する。杉原は新村に「日本の将来のために君は外務省で頑張れ。僕は商社員に変わったけど頑張るよ」と言葉をかけたという。二人の境遇は違ったが、杉原はかつての後輩である新村にエールを送った。そしてそれは、モスクワで新たな仕事に就く自分自身へのエールでもあった。

翌日、三人で昼食を共にし、新村夫妻は空港まで杉原を見送った。杉原は晴々とした気持ちでベイルートを発ち、モスクワに向かった。

モスクワでの生活

一九六〇年九月二十一日、杉原はモスクワに到着した。杉原はこの後、延べ十八年間にわたってモスクワに単身赴任することになる。

当時のソ連には自由がなかった。外国人は二十四時間監視され、盗聴されるのは当たり前だった。ビジネスでやってくる駐在員も例外ではなかった。ホテル住まいを強制され、各フロアには監視人がいた。部屋の中には盗聴マイクが仕込まれていたと言われている。しかし、長い間外交官として外国で生活をしてきた杉原にとって、それほど驚くことではなかった。

住んでいたホテルでは、茶色の分厚いカーテンが冬のすきま風を防いでいた。外が零下三十度でも、備え付けのラジエター式温水ヒーターで暖を取ることができた。それでもセーターを着て、分厚い毛糸の靴下が必要だった。杉原は若い頃に満洲のハルビンやフィンランド、サハリンのペトロパヴロフスクでも生活した経験があり、寒さには強いほうだった。

ホテルでは朝起きるとまずラジオをつけ、やかんでお湯を沸かす。そして紅茶を入れたら黒パンにマーガリンを塗り、杏《あんず》のジャムを薄く塗って食べる。夜は鍋でジャガイモを茹で、ソーセージか魚の切り身の燻製、そしてキュウリの酢漬けを一本横に添える。お酒好きの杉原がウォッカを小さなグラスに注いで一気に飲み干すと、喉から胃まで沁《し》みるように熱くなった。一人で生活する杉原にとって、ウォッカは寒いモスクワの心温まる友でもあった。

日曜日は午前中に本社宛のレポートを書き、午後からは郊外の森を長い時間かけて散歩し、冬はスキーで山野を滑って自然を楽しんだ。外務省の後輩たちがモスクワで日本大使や公使を務めていたようだが、会うことはなかった。杉原はロシア語での交渉力がロシア人より優れていたため、何か問題が起きると「先生」と呼ばれて、モスクワの日本人駐在員からも頼りにされていた。

モスクワ駐在時代〔杉原伸生提供〕

一九七二年、息子の伸生が父を訪ねてモスクワに来た。伸生は、久しぶりに会う父親がロシア料理のレストランにでも連れて行ってくれるものと思い、楽しみにしていた。しかし、杉原は息子を連れてスーパーへ行き、ソーセージとジャガイモを買い込んだ。伸生が明日の朝食の材料なのかと思っていたら、ホテルへ戻った杉原は電気コンロでお湯を沸かし、さっき買ったソーセージとジャガイモを茹で始めた。質素だが、これが杉原にとってはご馳走であり、息子を歓迎するための手料理だった。モスクワでの質素な生活や杉原の人となりを垣間見ることのできるエピソードである。

モスクワ駐在時代、杉原は毎年一回ほど休暇と称して日本に帰り、打ち合わせのために毎日本社へ出社した。一般のサラリーマンは飲み会などで外食する機会も多い中、杉原は七時半には帰宅して自宅で夕飯を食べた。食事が終わると自分で食器を洗い、台所をきれいに掃除した。杉原は若い頃からジェントルマンで、妻幸子への思いやりを忘れなかった。杉原は昔から女性を対等に扱い、弱い者をいたわる優しい心を持っていた。

SEMPO杉原

二〇一六年六月七日、杉原千畝の没後三十年を記念して、イスラエル中部の海岸都市ネタニヤに杉原の名前を冠した通りができ、記念式典が行なわれた。通りは「Chiune (Sempo) Sugihara Street」と名づけられ、看板には「千畝（センポ）」と表記された。「センポ」という名前はいつ頃、なぜ使われるようになったのか。ここで杉原の名前について紐解いていく。

「センポ」の名前が確認できる一番古い資料は、一九六四年十一月二日から翌年の五月三十一日まで在籍した東邦《とうほう》物産株式会社の人事台帳である。氏名のフリガナ欄には「スギハラ　センポ」と記載されている。さ

ネタニヤ市の杉原ロード

らに、一九七五年十一月三日発行の杉原のパスポートは「SEMPO SUGIHARA」となっている。このことから推察すると、一九六〇年九月にモスクワへ赴任することが決まってパスポートを作った際、「スギハラ　センポ」で申請したと思われる。

ではなぜ読み方を「センポ」に変えたのか。その答えは、杉原の外交官時代にヒントがあると考えられる。満洲国外交部時代、鉄道譲渡交渉を担当してソ連に目をつけられ、「ペルソナ・ノン・グラータ」としてソ連政府から入国ビザの発給を拒絶された。そのことは、当時の新聞でも大きく取り上げられるほどの事件だった。また、その後赴任したフィンランドやカウナスでも情報活動を行ない、ソ連当局からマークされていた。こうした経験から、戦後商社員としてソ連に入国ビザを申請する際に神経質になっていたので、名前の読み方を変えて申請したと考えられる。

後年、杉原はこのことについて「わざわざ名前を変える必要はなかった。ただの取り越し苦労だった」と述懐している。当時は元外交官であろうと商社員であろうと、ソ連当局はあらゆる人物をマークしていたからである。

ではなぜ、「センポ」という読み方が一般的に広がっていったのか。

一九六九年十二月、日本からモスクワに戻る際、杉原は息子伸生に会うためイスラエルに立ち寄った。やはり父親として息子のことが心配だったのだろう。杉原は駐日イスラエル大使館へ入国ビザを申請した。この時に提示したパスポートの名前は「SEMPO SUGIHARA」だった。

イスラエルに入国した杉原を待っていたのは、伸生だけではなかった。杉原ビザを受給した一人に、

ヘブライ大学留学中の四男伸生を訪ねて
（イスラエル、1969 年）〔杉原伸生提供〕

イスラエルの宗教大臣ゾラフ・バルハフティクがいた。カウナスでビザをもらったバルハフティクは、杉原の名前を覚えていなかった。それで、杉原が来る前に日本のイスラエル大使館に杉原のパスポートのコピーを求めたと思われる。バルハフティクは送られてきたパスポートのコピーを見て、初めてビザをくれた副領事の名前が「SEMPO SUGIHARA」だと認識した。この後、関係者たちの間で杉原の名前が「センポ」として広がっていったと考えられる。

外交官時代に「SEMPO」の名前を使った痕跡は見当たらない。もしそれを示す一次資料が出てくれば、杉原の歴史に新たな一頁が付け加えられることになるだろう。

イスラエルを訪問

一九六九年十二月、久しぶりに息子と会った杉原は伸生の案内でガリラヤ湖、ナザレ、アッコー、ハイファ、エルサレム、テルアビブを見て回った。また一緒に死海に行き、遊牧民族ベドウィンのラクダに乗って観光を楽しんだ。

この時、杉原は二人のイスラエル人に会っている。一人は先述のゾラフ・バルハフティク宗教大臣、もう一人はテルアビブ市の副市長ツヴィ・クレメンティノフスキで、二人ともカウナスで杉原からビザを発給された人物である。二人との面会に同席した伸生によると、日本でのニシュリ参事官の時とは違い、感動的な再会という雰囲気ではなく、互いに当時のカウナスの状況を思い出しながら淡々と話していたという。

短い滞在を終え、杉原は久し振りに会った息子と別れてイスラエルを後にした。杉原は二週間毎に、息子の勉強の教材として日本の新聞をモスクワから送っていた。束になった新聞は重く、モスクワからエルサレムまで二週間から四週間かかった。新聞にはいつも手紙が同封されており、モスクワの天気のこと、日曜日はスキーを履いて公園を歩いたこと、春夏はきれいな花の咲く公園を散歩したこと、秋は落ち葉の長い田舎道を歩いたことなどが書かれていた。その他にも人との接し方、外国では政治の批判をしないこと、宗教にはこだわらないことなどを息子に教えた。伸生にとって、杉原は父親であり人生の師でもあった。

ところで、杉原がバルハフティク宗教大臣と面談した際、イスラエルの勲章（ダイヤモンドがはめ込まれたメダル）を授与されたという話が広まっているので、ここで訂正しておきたい。同席した伸生は、父への勲章の授与も表彰もなかったと証言している。杉原のイスラエル訪問はあくまでプライベート

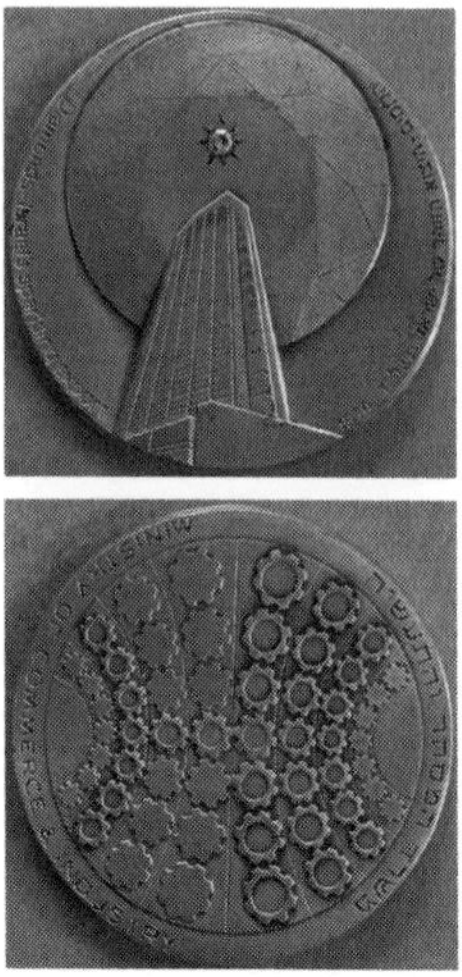

記念メダル、表（上）には「ダイヤモンドーイスラエルの輝く輸出1974年」裏（下）には「通産省」と刻印されている。

であり、歓迎式や表彰式などの式典が開催されたという事実はなく、勲章の授与などもなかった。問題の勲章とされているメダルは、後に伸生がイスラエルのヘブライ大学を卒業してダイヤモンド会社に就職し、仕事で日本へ帰国した際、土産品として百ドルで買って父母に渡したものである。なお、このメダルはインターネットでも販売されており、誰でも購入することができる。

モスクワからの便り

川上貿易株式会社時代の杉原は、水を得た魚のように生き生きとした日々をモスクワで過ごしていた。現地で開催される見本市では日本製品の出展準備をし、ソ連企業と契約する際には東京の本社に業務連絡の手紙を送った。同時に、家族への便りも忘れなかった。一九六〇年十月三日、モスクワに赴任して二週間後、藤沢にいる家族のもとにハガキを送っている。

「このウクライナホテル（三十階建て）、日中は八度から十度、ちょうどこのオーバで良かった。毎日、用件で外出の帰りに方々を見物しています。高層住宅の建築が盛んで、すべてが大規模、国民一般の生活もずい分良くなっており、立派です。パパは二室続きの、テレビ付きの豪華なルームに住んでいます」

そして最後に「ブキ勉強しているかな。千ちゃん薬を補給しているかね」と四男伸生と二男千曉《ちあき》を心配する父親の思いが書かれていた。その後の便りでも、造船などのビジネスに関することや、ホテルで同宿している社員と電気コンロで昼ご飯におじやを作っていることなど、ホテルでの生活をありのまま綴った。そして最後には決まって、三人の息子に対し、勉強や進学・就職について短い文章でアドバイスを送っていた。

一九六九年十月、川上貿易株式会社が蝶理《ちょうり》株式会社に統合されることになり、杉原は嘱託職員として蝶理に移籍した。十二月二十五日、一時帰国していた杉原はモスクワへ戻り、同社のモスクワ駐在員事務所長（顧問）に就任した。その後、一九七一年三月に国際交易株式会社が設立されると、杉原は七月に蝶理を退職し、国際交易のモスクワ事務所長（取締役）となった。しかし、高齢となった杉原は、モスクワの寒さが日毎にこたえるようになった。

一九七三年十二月、杉原は一つ違いの弟乙羽《おとわ》にモスクワから手紙を送っている。乙羽は六歳の時、岐阜県可児《かに》郡（現・可児市）に住む村瀬《むらせ》家の養子となっていた。父好水《よしみ》が三重県の桑名税務署から韓国統監府に単身赴任した時期である。

杉原は幼い時に別れた乙羽の体調を気にかけていた。「乙羽っ！　お互い随分永く、音信がなかったね！」と書き出し、モスクワでの生活の様子を伝えた。また子供の頃、母と訪れた八百津や乙羽の住む可児で一緒に遊んだことを懐かしく思い出したことや、日本に戻って小学校や中学校の級友たちとも再会したいと書き綴った。そして最後に、自分の息子や孫たちの近況を伝えた。人生の終盤にさしかかり、杉原は友達と再会して思い出の場所を訪れ、長野県の蓼科《たてしな》に建設中の山荘で穏やかに過ごすことを思い描いていた。

日本に帰国中の一九七八年三月三十一日、杉原は国際交易を退社した。そして業務の引き継ぎのため再びモスクワへ飛んだ。引き継ぎも終わった七月六日、長かったモスクワでの生活を終え、藤沢の自宅に帰ってきた。しかし、まだまだ会社から必要とされていた杉原は、引き続き一九八〇年三月三十一日まで顧問として勤務した。

モスクワでのインタビュー

杉原が直接メディアのインタビューに応じたことは少ない。外交官時代のことを同僚や家族に話したこともほとんどない。杉原自身の手記には次のように記されている。

「本件について、私が今日まであまり語らないのは、カウナスでのビザ発給が博愛人道精神から決行したことではあっても、暴徒に近い大群衆の請いを容れると同時に本省訓令の無視であり、従って終戦後の引揚げ、帰国と同時にこのかどにより四十七歳で依願免官になった思い出につながるからであります」

ＦＮＮ（フジニュースネットワーク）モスクワ支局長の萱場道之輔《かやばみちのすけ》は、杉原に直接インタビューした数少ない人物である。当時のモスクワには日本人会という組織があった。会長は丸紅飯田《まるべにいいだ》のモスクワ支店長で、その会長から「萱場さん、モスクワに杉原千畝という人がいる。第二次大戦のヨーロッパでユダヤ難民を助けたそうだ。高齢なので、あなたもジャーナリストとして一度インタビューをしたらどうだ」と勧められた。しかし萱場は杉原千畝という人物を知らず、あまり気が進まなかったが、せっかくの提案なのでホテルに滞在していた杉原にインタビューを申し出た。

一方、外交官時代のことを語らない杉原にとっても、インタビューされるのは気が進まなかった。しかし、モスクワでお世話になっている貿易会社の支店長からの紹介なので、無碍《むげ》に断るのも失礼だと思い、インタビューに応じることにした。こうして一九七七年八月四日、杉原へのインタビューが実現した。

萱場は重たい録音機を担ぎ、杉原が待つホテルへ出かけた。萱場は、杉原に会った時の印象を「気負いもなく、好々爺《こうこうや》という感じだった」と語る。カウナスでの出来事を淡々と話す杉原の姿がとても印象的だった。インタビューは萱場の質問に杉原が答える形で行なわれ、領事館へ押し寄せる避難民の様子やビザ発給にまつわる生々しいやり取りなどが録音された。

インタビューした萱場は二〇〇八年四月に逝去したが、筆者は何度か話を伺う機会を得た。杉原の話になると、昨日のことように思い出して話されたのが印象的だった。晩年の杉原へのインタビュー[※1]は、カウナスの避難民やビザの発給について本人が語った貴重な一次資料である。

※1　インタビュー全文は巻末資料⑤参照。

第9章　晩年

藤沢から鎌倉へ

一九七七年十二月二十四日、杉原は日本に帰国し、一九七八年三月三十一日に国際交易を退職した。六月二十五日、モスクワでの業務の引継ぎのため成田空港を発ち、七月六日に藤沢へ戻った。この頃、杉原家には大きな問題が持ち上がっていた。長男弘樹が事業に失敗し、杉原の持っていた不動産が抵当に入っていた。杉原一家は鵠沼の家から立ち退きを迫られていた。長らく日本を離れ、モスクワで働いていた杉原にとって寝耳に水の話だった。

一九七九年九月頃、鵠沼の自宅を退去した杉原は、藤沢市の市営住宅に移り住んだ。幸子は四男伸生が借りていた鵠沼の家に移り、一緒に住んでいた二男千曉は茅ヶ崎市に住むことになった。

その頃、イスラエルのダイヤモンド会社に勤めていた伸生は、毎月のように仕事で日本に帰ってきていた。父親の様子が気になっていた伸生は、市営住宅に立ち寄り驚いた。独り暮らしの部屋にはカーテンも家具もなく、台所には鍋が一つあるだけだった。伸生は「これではモスクワ時代と同じではないか。こんなことあるわけがない、あってはならない」という言葉を呑み込み、その場に立ち尽くしたという。

しかし、このままではいけないと思った伸生は、父と共に西鎌倉に建売住宅を見つけ、共同で買うことにした。その家には小さな寝室が三つあり、花や植木が楽しめる庭もあった。前と同じように、父母や兄が一緒に暮らせるようになるのが伸生には嬉しかった。おまけに書斎部屋まであるので、父には昔の思い出を書きつつ世界情勢の分析などをして老後を楽しんでほしい、と伸生は願った。

一九八〇年三月五日、杉原は幸子との連名で、藤沢市の鵠沼から鎌倉市の西鎌倉へ引っ越した旨のハガキを親戚に送った。そこには、三十年以上住み慣れた藤沢から鎌倉へ引っ越したこと、昨年来の動脈硬化のため湘南第一病院で療養していることが書かれていた。そして最後の行には、新居の住所と電話番号を書き、自宅までの道順を記していた。

藤沢市鵠沼での杉原一家〔杉原伸生提供〕

幻の海外移住計画

鎌倉に引っ越した杉原は、自分の余生について考えていた。それは、伸生の子供たちと一緒に暮らすという希望だった。杉原は、伸生の家族が住むオーストリアで、孫と一緒に暮らしたいと伸生に相談した。杉原は伸生の家の小さな部屋に住み、毎日孫たちと遊びながらのんびり暮らすことを真剣に考えていた。当時、伸生はオーストリア中北部の都市ザルツブルグに居を構えていたが、イスラエルのダイヤモンド輸出会社に勤めていたため、イスラエルとオーストリアを行き来していた。

一九八〇年六月四日、杉原はイスラエルにいる伸生に宛てて手紙を送った。

「伸生クン!!! 昨日は久し振りに話ができてホントに嬉しかった。最近、可成《かな》り長い間、音沙汰がなかったので、どうしたのかと心配していた。三人の子供の内、伸生だけが順調に成功し、親にも孝行してくれているので、常日頃うれしく思っている」

すでに顧問の仕事も完全に辞めていたが、八十歳になった杉原の体調は、長年の疲れが溜まっていたせいか思わしくなかった。手紙でもそのことを訴えていた。

「近頃、パパの病体は大した変化なく、勿論《もちろん》悪くはなっていないが、決して良くもなり得ない。手指や足の力が急に弱くなりつつある。まだ心配するほどの事はないが、しかし、年だから毎日戸外の散歩も三百メータ位で、常に救急くすりをポケットに持って歩いている。一日の内で、一～二回心臓が苦しくなって不快感を持っている」

この手紙の筆跡を見ても、あまり良い健康状態ではないことが推察できる。

杉原にとって、かつて同じ鵠沼に住んでいた伸生の娘愉乃《ゆの》（当時二歳）と生まれて間もない亜倫《ありん》の二人の孫娘たちと過ごした日々は、何物にも代え難い思い出だった。

「せめて十カ月前に決心をして、伸生の勧めに従ってソチラへ引越し、普段、愉乃の子守を手伝いながら、静かに一生を終えることのほうが賢明な老後の生き方であっただろうと思っている。今となっては、長時間飛行機に乗っていることは不可能で、残念であるが仕方がない」

伸生は父が、移住計画について具体的に話をしていたことを覚えていた。それは、父と母がヨーロッパを旅行した後にオーストリアの自分の家に立ち寄り、父だけが残るというものだった。母は日本に戻って兄千曉と一緒に住むことになっていた。兄も母と一緒に暮らすことを了解していた。母はオーストリアよりも日本での生活を選んだ。

伸生のほうも、父が自分のところに来れば、毎晩ワインを飲みながら昔話や世界情勢の話に花を咲かせることができると楽しみにしていた。しかし、杉原の健康上の不安のため計画が実行されることはなかった。杉原はもちろんのこと、伸生も同様に残念がった。

七十八歳までモスクワで働き続けた杉原は、藤沢や長野の山荘などで悠々自適の老後を考えていた。しかしそれは叶わず、今度はオーストリアのザルツブルグで伸生や孫たちに囲まれた穏やかな暮らしを夢見ていた。しかし、その夢も打ち砕かれて幻と終わってしまった。杉原の胸中はいかばかりであっただろうか。

千畝の宗教観

杉原は現在、鎌倉市にある鎌倉霊園で静かに眠っている。満洲のハルビン時代、杉原は前妻クラヴディヤ・セメノヴナと教会で結婚式を挙げるため、ロシア正教会に入信したと言われている。

杉原が避難民にビザを発給した動機として、一部の書籍やネット上などでは、幸子夫人の著書『六千人の命のビザ』から、「私を頼ってくる人々を見捨てるわけにはいかない。でなければ私は神に背く」という言葉を引用したり、聖書の一節を用いたりしている。

実際、杉原は聖書や宗教についてどのように考えていたのだろうか。そのことが分かる息子伸生の証言がある。

一九六九年十二月、留学中の息子に会うためにイスラエルを訪問した杉原を、伸生はユダヤの歴史やキリスト教に関係する場所へ案内した。この時、杉原があまり関心を示さなかったので、伸生は父に聖書を読んだことがあるか尋ねた。杉原は「聖書は、旧約も新約も知らない」と素っ気なく答えた。杉原は、伸生が留学してから繰り返し「外国では、その国の政治批判をしないように、そして宗教に入らないように」と二つの戒めを説いていた。

また一九八〇年六月四日の伸生への手紙の中に、次のように書いている。

「伸生の今踏んでいる道は幸運の道で、神さん（何神かは問題でなく、どの神も皆同じ）の加護によるものと信ずる故の幸運の道から踏み外さないように心掛け、元気で健康であって欲しい」

ユダヤ教の会堂跡にて
（イスラエル、1969年）〔杉原伸生提供〕

杉原は神の存在を否定はしていない。しかし、彼のいう神は「神さん」であって、日本的な八百万《やおよろず》の神のように、日々の暮らし中で身近に存在する神だった。だから杉原は伸生に「何神かは問題でなく、どの神も皆同じ」と述べ、自分の信じた道を歩くよう伝えたかったのではないだろうか。

一九八六年三月頃、インタビューに応えた杉原が宗教について語っている貴重な記録がある。雑誌のルポライターである高橋是人《これひと》が、杉原の満洲時代の先輩である志村儀亥知《ぎいち》（当時八十八歳）の案内で鎌倉の自宅へ取材に行った。この時、杉原は病に臥《ふ》せていた。幸子夫人に抱きかかえられながら二階から降りてきて、ソファに座る際にも夫人の介添えが必要なほどの状態だったため、高橋のインタビューには主に幸子夫人が受け答えをした。このインタビューの内容は、六七頁で紹介した雑誌「ゼンボウ」に連載された。

高橋は杉原に杉原家の宗旨《しゅうし》を聞き、「成長過程に何か宗教的な開眼か、発心のような体験をお持ちか」と質問した。杉原は「子供の頃、うちに仏壇があった。宗旨は禅宗だったと思うが、格別に祈った記憶もないし、宗教的経験もない。カウナスの時は、この気の毒な人たちを見殺しにすることはできない、自分としてできる最善のことをやろうと思い、妻も喜んで同意してくれた」と答えた。高橋はこの時のインタビューについて、杉原が質問に答える度に傍《かたわ》らの幸子夫人がうなずき、淡々としたやり取りだったとその印象を語っている。

このインタビューがまだ続いていた七月三十一日、杉原は天寿を全うして永い眠りについた。八十六歳だった。この訃報は八月一日早朝に志村から高橋に伝えられた。

「今電話があってね、杉原君が昨夜、病院で亡くなったそうだよ」

高橋は、十月に発刊された「ユダヤ人救済の秘話を背負って杉原千畝氏は八十六歳の生涯を閉じた」の記事で、「杉原さんの葬儀は、八月初め鎌倉市の自宅で神式によって執り行なわれた」と記した。

高橋は杉原のロシア正教の一件を聞いていたので、後日、葬儀を神式にした理由について幸子夫人に尋ねた。夫人は「主人の遺言で神式にした」と答えた。息子伸生も次のように証言している。「父は生前、枕元に封筒を隠し、『ここに葬儀費用があるからクリ（三男晴生《はるき》）と同様に神式で行なうように』と僕に言い残していました。母にも伝えていたようです」

他にも、言語・歴史学者の渡辺克義《かつよし》が、鎌倉の杉原宅で幸子夫人に直接インタビューした内容を、二〇〇九年三月に「報告　駐カウナス日本領事館臨時領事・杉原千畝夫人、杉原幸子氏との会談（一九九三年八月四日）覚書」（山口県立大学「国際文化学部紀要」）と題して発表している。その中で渡辺は、杉原がビザを発給する時の心境に触れ、幸子夫人の著書『六千人の命のビザ』（朝日ソノラマ版）に書かれている「私を頼ってくる人々を見捨てるわけにはいかない。でなければ私は神に背く」（二〇四頁）

という箇所を指摘し、「これには多分に宗教的な匂いがします。こうした考え方はお二人が信仰するギリシャ正教の教えに通ずるものですか」と質問した。杉原がビザを発給した動機の一つがこれだと考えられてきたからである。しかし、夫人は「今では本のあの表現は誤解を与えるものだったと思っています」と、ビザの発給において宗教的な意味合いがなかったことを認めた。

現代の多くの日本人は宗教的な行事に参加するが、特定の宗教組織に帰属するという意識は薄く、自分のことを「無宗教」と答える人も多い。この場合の無宗教とは、神や仏の存在を否定する「無神論」とは違い、特定の宗教を信仰しない、あるいは信仰そのものを持たないという立場である。杉原は「神さん」の存在を信じる無宗教者だった。典型的な日本人の宗教観と言えるかも知れない。杉原にとってはどの神様も関係なく、自分の信じるままに判断し、そして実行することが重要であると考えていた。それは、カウナスでビザを発給したことに通じていると思えるのである。

名古屋での顕彰事業

杉原はこれまで書籍やテレビ、映画や舞台など、様々な媒体で取り上げられている。また、早稲田大学にレリーフが設置されたり、外務省の外交史料館に「杉原千畝展示コーナー」が開設されるなど、全国の施設などで展示され顕彰されている。さらに学校の教科書でも紹介され、杉原にゆかりのある各地の教育委員会では、副読本や資料を用いて授業が行なわれている。

二〇一八年十月十二日、愛知県教育委員会において、名古屋市の愛知県立瑞陵《ずいりょう》高等学校に「杉原

千畝広場　センポ・スギハラ・メモリアル」が設置され、初めての屋外展示型施設として注目された。この顕彰施設は、一九九四年二月に定例県議会で議題に上ったもののそのままになり、二十余年の時を経て、大村秀章《ひであき》愛知県知事が二〇一五年十二月四日の定例県議会で顕彰モニュメントの設置を表明し、実現に至ったものである。

名古屋は杉原にとって、三重県の桑名から転校して約十年間、多感な青少年時代を過ごした「第二の故郷」と呼ぶのにふさわしい思い出の地である。特に旧制中学時代は多くの知己を得たこともあり、商社員としてソ連に赴任していた時代にも懐かしく思い出すような特別な場所だった。

この展示施設は、「杉原千畝の生涯ゾーン」をはじめとする四つのゾーンで構成されている。制作するにあたり、外部の識者が展示内容を繰り返し検証してきたことが大きな特徴である。教育施設として、正しい史実を展示することが目的だったからである。開設を機に、愛知県では二〇二〇年三月二十四日に『杉原千畝と二十世紀の日本・世界・愛知』という中学生向けの歴史副読本を刊行した。施設の展示内容をベースにした、分かりやすい解説本である。

杉原千畝顕彰レリーフ（早稲田大学）

さらに名古屋市でも「杉原千畝顕彰事業」を推進した。二〇一六年十一月四日、杉原が当時住んでいた平和小学校付近から瑞陵高校を結ぶ全長約四・五㎞の道を「杉原千畝　人道の道」と名付け、杉原にゆかりのある六カ所のスポットに銘板を設置し、各所にまつわるエピソードを紹介している。

杉原の「第二の故郷」である名古屋において、県や市を挙げての顕彰事業は、世代を超え、時代を超えて杉原の人道的行為を多くの人たちに伝えると共に、国内はもとより世界に情報発信する取り組みとして大いに注目されている。

愛知県立瑞陵高校の杉原千畝広場の
杉原伸生と妻エシン〔杉原伸生提供〕

「世界の記憶」への登録見送り

二〇一六年五月十九日、岐阜県八百津町《やおつちょう》は、文部科学省日本ユネスコ国内委員会の選考を経て、杉原ビザの記載があるパスポート四十七点と、杉原千畝直筆による手記二点を含む計六十六点の関連資料を、「杉原リスト」としてユネスコ（国連教育科学文化機関）の「世界記憶遺産」（現・世界の記憶）に申請した。この時、日本から同時に申請されたのは、群馬県高崎市にある国の特別史跡に指定された石碑「上野三碑《こうずけさんぴ》」である。また、江戸時代の朝鮮王朝が日本へ派遣した外交使節団の史料「朝鮮通信使に関する記録」も、日韓の団体でパリのユネスコ本部へ共同申請された。

ユネスコの「世界の記憶」は、人類が後世に伝えるべき価値のある古文書や書物などの歴史的な記録物を保全し、研究者や一般の人たちに広く公開することを目的とした事業の一つである。これまで日本で登録されたのは、二〇一一年の「山本作兵衛のコレクション」、二〇一五年の「舞鶴への生還一九四五－一九五六シベリア抑留等日本人の本国への引き揚げの記録」などがある。

二〇一七年十月三十一日未明、ユネスコは「世界の記憶」の申請結果を発表した。日本からは「上野三碑」が登録された。日韓共同申請の「朝鮮通信使に関する記録」も同じく登録されたが、「杉原リスト」の登録は見送られた。日本ユネスコ国内委員会事務局によると、国内審査を経て不登録になったのは初めてのことである。今回の不登録について、パリのユネスコ本部の委員会は理由を明らかにしていない。一部報道によると、申請資料についての疑義や、申請者が途中で手記二点を取り下げたことが影響したとの見方がある。

これはどういう意味なのか。

まず、申請資料の疑義とは、「杉原千畝は八百津生まれ」と記された申請書類のことである。これまで杉原は岐阜県の八百津町で生まれたとされていたが、杉原の出生が書かれた原戸籍《げんこせき》によると、生まれたのは現在の岐阜県美濃市である。また杉原自身が書いた手記にも、美濃市の教泉寺だったことが示されている。次に、取り下げた二点の手記については、筆跡や書かれている内容について研究者などから疑義が申し立てられ、息子の伸生も疑問点を指摘した。そこで、出生地問題について報道していた名古屋のＣＢＣテレビが専門家に筆跡鑑定を依頼した結果、杉原の筆跡ではないとの結論が出た。ただ、八百津町も筆跡鑑定を行なっており、本物である旨を公表したが、その詳細については公開していない。しかし最終的に、八百津町がこの手記二点を申請から取り下げてしまったのである。

以上が、疑義と取り下げの経緯である。

「世界の記憶」への登録が見送られたことについて、申請者である八百津町をはじめ関係者は落胆の色を隠せなかった。特に息子である伸生は残念である旨を述べ、「今後は関係者において、なぜ登録がされなかったのかなど、しっかりと検証されると思いますが、父の行なったことに対しての評価が変わるものではないと思っています」とコメントした。

杉原ビザへの思い

杉原ビザによって生き延びたサバイバーの子孫は、今もそのビザを大切に保管している。そのビザを手に取ると、彼らの苦難の逃避行が見えてくる。一つひとつのビザが違うように、ビザを所持する一人ひとりの状況も違っていた。ある者は家族と一緒に、ある者は独りで命からがら逃げ延びた。家族や友達と別れた者もいた。逃げずに残った人々には、理不尽なホロコーストという悲劇が待っていた。運よく脱出できた者でさえ迫害や差別に遭い、命の危険に晒されることもあった。それを生き抜いた彼らは、ナチスの被害者であると同時に歴史の証言者でもある。

杉原は多くの人にビザを発給した。それは、自分のためでも国のためでもなく、見返りを求めない無私の行為だった。戦争は悪であり愚かな破壊行為である。しかし、杉原にとっての悪は〝無関心〟であり、見て見ぬふりをすることだった。杉原は目の前の困った人たちを放っておくことができず、助けるべくして助けたのである。

先の大戦から七十五年が経過し、戦争の記憶は人々から薄れつつある。しかし、数万人とも言われている杉原サバイバーの子孫は、自らのルーツに関わるホロコーストの歴史を忘れることはない。その中でも特に、杉原千畝の記憶は彼らの中に生き続けている。杉原ビザは、彼らの命を未来へと繋いだ「命のビザ」である。

二〇二〇年は、杉原が誕生して百二十年、またユダヤ避難民にビザを発給して八十年という節目の年である。戦争がなければ大勢の人たちが死ぬこともなく、避難民がはるか極東の日本を目指すこともなかった。

杉原がどのような思いでビザを発給したのか。そのことに思いを馳せ、戦争やホロコーストという愚かな過去を繰り返さないよう「命の大切さ」「平和の尊さ」を改めて考える機会になればと切に願っている。

晩年の千畝〔杉原伸生提供〕

巻末資料

①杉原千畝の軍歴 154
②ユダヤ人対策要綱 155
③ユダヤ避難民の敦賀入港を伝える報道 156
④敦賀市民の証言 157
⑤杉原へのインタビュー 163
⑥杉原千畝の略年譜 179
⑦主要参考文献一覧 184

資料① 杉原千畝の軍歴（「軍籍簿」より）

兵科（部）　歩兵
所管　第三師管
本籍・族称　岐阜県加茂郡八百津町七百八十六番戸
陸軍出身前ノ履歴　大正六年三月十五日愛知第五中学校卒業
身分・関係・氏名　戸主 好水 二男 杉原千畝
出生　明治三十三年一月一日
妻　大正十三年四月七日婚姻
　アポローノフ、セメヨン、ペトロヴィチ長女クラウディヤ、セメノヴナ

履歴

大正九年　十二月　一日　一年志願兵として歩兵第七十九連隊第九中隊に入隊
大正十年　四月　一日　第一期卒業　一等卒
〃　六月　一日　上等兵
〃　九月　一日　伍長の階級に進む
〃　十一月　三十日　軍曹　同日現役満期
〃　十二月　一日　予備役編入　同月同日甲種勤務演習のための歩兵第七十九連隊に応召
大正十一年　三月　三十日　甲種勤務演習終了　同月三十一日召集解除
大正十三年　三月三十一日　歩兵少尉
〃　六月　十六日　叙正八位

昭和三年　　三月三十一日　予備役満期
〃　　　四月　　一日　後備役

資料② ユダヤ人対策要綱　昭和十三年十二月六日付　五相会議決定

ドイツ・イタリア両国と親善関係を緊密に保つことは、現在における帝国外交の中心なので、同盟国が排斥するユダヤ人を積極的に帝国が守ることは原則として避けなければならないが、これをドイツと同様極端に排斥するような態度に出るのは、もっぱら帝国が長年に主張してきた人種平等の精神に合わないばかりか、現在帝国が直面する非常時局において戦争の遂行、特に経済建設の上で外資を導入する必要性と対米関係の悪化を避けることから、不利なる結果を招くことが大きいと考えられるので、左の方針に基づきこれを取り扱うこととする。

方　針

一　現在、日本、満洲、中国に住んでいるユダヤ人に対しては、他国の人と同様に公正に取り扱い、これを特別に排斥するようなことはしない。
二　新たに、日本、満洲、中国に入国するユダヤ人に対して、一般に外国人入国取締規則の範囲内で公正に処置する。
三　ユダヤ人を積極的に日本、満洲、中国に招き入れることはしないが、ただし資本家、技術家のような特に利用価値のある者はこの限りではない。

資料③　ユダヤ避難民の敦賀入港を伝える報道

福井新聞

・昭和十五年八月十三日　見せ金不足で　外人の入国禁止　河北丸で浦塩《うらじお》へ送還
・昭和十五年八月二十日　見せ金なしの外国商人　浦潮で上陸禁止で逆戻り　敦賀署で上陸禁止して取り調べ中
・昭和十五年九月三十日　内外人多数　敦賀に上陸　ハルピン丸　ユダヤ系各国人六十余名
・昭和十五年十月十日　婦人と子供の船客で大賑ひ　けふハルピン丸が入港
・昭和十六年二月十三日　入港の天草丸《あまくさ》　ユダヤ系各国人三百五十人　アメリカ、カナダに移住希望
・昭和十六年二月十五日　難民部隊　続々敦賀に上陸　欧州の戦禍を逃れて
・昭和十六年二月二十八日　内外の船客も賑かに　天草丸きのふ船出　ユダヤ人二名同船で送還さる
・昭和十六年三月五日　ユダヤ人の部隊　けふまた敦賀に上陸　ユダヤ系各国人三百九十八名
・昭和十六年三月六日　天草丸が六時間延着　日本海の吹雪に難航又難航
・昭和十六年三月八日　新欧閉出しのユダヤ人　続々わが国に流入　敦賀へ毎航海に三百乃至四百
・昭和十六年三月八日　ユダヤ人の氾濫で敦賀駅案内が困惑　警戒すべき内地への移動情勢
・昭和十六年三月十四日　天草丸けふ五時入港　ユダヤ系各国人三百五十人を乗せて
・昭和十六年三月十八日　船中に涙の場面　天草丸で送還されたユダヤ人
・昭和十六年三月二十五日　ユダヤまた逆走　天草丸で敦賀上陸
・昭和十六年四月二日　天草丸入港　ユダヤ系各国人三百八十人上陸
・昭和十六年四月三日　天草丸終航のお客
・昭和十六年五月十四日　はるぴん丸あす入港　ユダヤ人三十五名

・昭和十六年六月十四日　ソ連敦賀新領事　フィルソフ氏着任　ユダヤ人来敦

朝日新聞

・昭和十六年三月五日　またユダヤ人　けふ天草丸で　ユダヤ人三百九十余名
・昭和十六年六月四日「世界の敦賀」外客忽《たちま》ち三百倍　船便毎に悲喜の国際話題
・昭和十六年六月六日「世界の敦賀」主流は外交官と商人　旅路は侘《わび》し落魄のドルと流民
・昭和十六年六月七日「世界の敦賀」街を彩るロシア調　日本海も狭し大築港設計

大阪毎日新聞

・昭和十六年二月十四日　新興独逸が怖いです　ユダヤ人、ドッと敦賀に上陸　逐《お》はれた民の図太い態度

読売新聞

・昭和十六年三月二十四日　ユダヤ人に安住の地　ウラジオから舞戻る

資料④　敦賀市民の証言

●証言１●　旅館に泊まっていた

まだ数え年で十五歳の昭和十五年の晩秋か初冬くらいで、寒かったが雪はなかったように思う。敦賀に次々と上陸したユダヤ人が、当時の常盤《ときわ》区天満《てんま》神社（現・栄新町《さかえしんまち》）付近の旅館に泊まったことを覚えている。私はその

旅館の近くに住んでいて詳しいことは分からないが、旅館の名前は「若六《わかろく》」と言って、天満神社の東隣にあった。その旅館の女中さんが、「うちに神戸へすぐに行けないユダヤ人が泊まっている」と言っていたことを記憶している。

天満神社の前の通りは大変にぎやかで、大きな旅館や料理屋があった。また、天満神社の裏は遊郭《ゆうかく》で、この当時はまだ夜中でも三味線や太鼓、笛の音と共に歌声や笑い声が絶えなかった。これは噂に聞いたことで、はっきりとは断言できないが、境区《さかい》（現・栄新町）の元禄《げんろく》理髪店の近所にあった、小さな木賃宿《きちんやど》にも泊まっていたことを聞いた。

●証言2● 朝日湯が無料開放した

昭和十六年の早春頃ではなかろうか。直接見たわけではないが、当時大内町《おおうち》（現・元町《もとまち》）にあった銭湯の「朝日湯」が、一般入浴営業を一日だけ休業してユダヤ難民に浴場を無料で提供したことは事実である。私たちは垢《あか》だらけの外国人の入浴した風呂は汚いし、気持ちが悪いと思ってしばらく遠いところにある銭湯まで、わざわざ歩いて行ったことがあった。

●証言3● 朝日湯は大騒動だった

戦後まもなく、当時七十歳くらいの親戚のおばあさんに、「十年ほど前に港にたくさんのユダヤ人が上がったものの、垢だらけで臭いので朝日湯さんが一日休んで、タダで風呂に入れたが後の掃除に大騒動した、という話を誰かがしていた」と聞かされたことがある。ちなみに、戦災前はおばあさんの家と朝日湯の距離は十五mぐらいだった。

●証言4●　リンゴの少年は私の兄です

少年がリンゴなどの果物をユダヤ難民に無償で提供したという話があるが、この少年は私よりも六歳年上の兄（当時十三〜十四歳）だと断定しても、ほぼ間違いないと思う。当時、私の家は青果物を主力とする貿易会社を経営しており、社長の父はかつて青森に本社を置く青果会社の敦賀支店長を務め、特にリンゴに関しては太い取引ルートがあった。当時でも、しだいに手に入らなくなった果物を比較的大量に取り扱っており、また港周辺でリンゴなどを売っている八百屋もなかったようだ。

私の記憶では、当時でも店にリンゴ、みかん、乾燥バナナなどがたくさんあったように思う。ユダヤ難民に兄が果物をあげたという頃は、私は小学校二年生で港へは一緒に連れて行ってもらえなかったので現場は見ていない。それにしても、兄の考えで籠一杯のリンゴなどの果物を持ち出せないので、これは敦賀とウラジオストクを行き来していた父親が気の毒なユダヤ難民のことを知っていて、兄に指示をして持って行かせたのだろうと思う。

●証言5●　敦賀駅にあふれていた

国鉄敦賀駅に勤務していた昭和十五年九月頃から、ウラジオストクからの連絡船が敦賀港に入港する度に、敦賀駅はユダヤ人であふれ、案内係は苦労していた。彼らは神戸、横浜と二つのグループに分かれて、米原《まいばら》で乗り換えて行ったようだ。しかし、彼らの乗車のための専用客車の増結はなかった。一般人、日本人乗客に混じってそれぞれの目的地へ行ったようだ。

●証言6●　時計などを売りにきた

昭和十五〜十六年の頃、私は県立敦賀高等女学校（十五〜十六歳）に通っていた。南津内《みなみつない》（現・白銀町《しろがねちょう》）の実家は駅前で時計・貴金属を扱う商売をしていました。港に船が着く度に、着の身着のままのユダヤ人が店にきて両手で空の財布を広げ、食べ物を食べる仕草をして、身につけている時計や指輪を「ハウ・マッチ」と言って買って欲しいとよく来ました。父は大学を出ていて、英語が少しは話せたのですが、訛《なま》りが強いのか筆談で話をしていました。そしてたくさんの時計や指輪を買っていました。ユダヤ人はそのお金を持って、駅前のうどん屋で食事をしていました。

また、父は店にある食べ物を「気の毒や」と言ってよくユダヤ人にあげていました。私も持っていたふかし芋をあげたことがあります。駅前にはたくさんの荷物を持ったユダヤ人もいて、同じユダヤ人でも貧富の差があることを感じました。さらに赤ちゃんをベビーカーのような物に乗せていたのを見ました。駅前には港にあった両替店も出張していました。初めのうちは市内を歩かせていたようですが、戦争が近くなると港から駅まで列車に(外が見えないようによろい戸を閉めて)乗せていたようです。

その他にもたくさんの着の身着のままのユダヤ人の大人が歩きながらリンゴをかじり、隣の人に与えていました。当時は外で物を食べることが大変行儀が悪いことだったので、よく覚えています。女の人もいましたが、派手な格好はしていませんでした。子供は少なかったようですが記憶にありません。父も私も当時、店に来る外国人はユダヤ人ということは分かっていました。

●証言7● 職員に案内されていた人たち

私は昭和十五年か十六年頃、国鉄敦賀機関区の機関助士で、敦賀から米原駅まで第一〇四列車（欧亜国際連絡列車）の機関車に乗務していました。この列車には「東京行」というサボ（列車行先札）があり、前からイロネ・ロハネなどの客車が連結されていました。列車は始発の敦賀港駅で十分余り停車し、機関車を付け替えた後は停車駅も少なく、急行なみの速度で走った特殊な列車でした。私は乗務前の点検をしながらホームを見ましたら、大勢の外人一色で、何とも異様な見慣れない服装と髭面《ひげづら》の多いのに驚きました。敦賀駅案内主任の後藤さんに連れられた二〜三人の外人が機関車の近くに来て、何やら盛んに話し掛けてきましたが、私には何を言っているのか全く分かりませんでした。

後藤主任の通訳によれば、「ドイツに追われてヨーロッパから命がけで逃げてきた者です。よろしく」と言っていたようです。敦賀でも米原でも、この人たちを歓迎する人たちが見えず異様に感じました。日常、米原駅で行き違う東海道線の上下特急列車の一・二等車や展望車の外人乗客とは、あまりにも異なっているのに一瞬驚いたことを覚えています。

●証言8●　気の毒だった人たち

昭和十五年、鯖江《さばえ》の女子師範学校（全寮制）の夏休みに、現在の曙町《あけぼのちょう》の実家に帰宅していた。ちょうど八月だったと思うが、たくさんのユダヤ人が港に上陸しているというので、わざわざ友達と見に行った。見た場所は、現在の市民文化センター前の道路である。彼らは大きな体格で、そして大勢でトランクを提《さ》げて桜通りを駅まで歩いて行った。中には、女性の姿もあり小さい子供を抱いていた。ただ、子供の手を引いている人がいないのを不思議だなあと思っていた。また、年寄りも少なかった。彼らは無言でぞろぞろと道一杯に広がって歩いていた。服装は着れるだけ着ている様子だった。女性は派手な服装だったと思う。とにかくガバッと着ていた。その時、気の毒だなあと思い、またいつまでも見ていると悪い気持ちがしてその場を離れた。

●証言9●　靴を針金で繕っていた

昭和十五年の秋、私が敦賀商業学校の二年生の時、夕方の四時頃だったと思うが、北津内《きたつない》（現・本町一丁目）のほうからの帰り道に、神楽通りを西から氣比《けひ》神宮のほうに二十〜三十人の外国人が歩いてくるのに出会った。とっさにこれが噂に聞いていたヨーロッパからの避難民だと思った。大半は大人の男だった。

長い旅を続けているためか、背広などの服も汚れがひどく、ズボンの裾なども破れ、靴も針金で繕《つくろ》って履いていたのを覚えている。店などをのぞいて歩いていた。実家が酒類の小売店をしていたので急いで帰った。店では母が心配顔で、なんだかうさん臭いから店へ入ってこられると嫌なので表を閉めようとしていた。ガラス戸を閉めてガラス越しに見ていた。後で聞いた話だが、入ってこられた店では私服の刑事が来て、何を買ったかとか何の話をしたのかとか聞いていたそうだ。

●証言10● 船上で流産した避難民を治療した医師

二〇〇六年三月から日本海地誌調査研究会のプロジェクトチームが、避難民を目撃した当時の市民からの聞き取り調査を行なったことは第6章（一〇二頁）で紹介した。調査の中で、朝日新聞の「世界の敦賀」に掲載されていた流産の女性を治療した産婦人科医師を探していた。しかし、時間の経過と薄れゆく記憶の壁に阻《はば》まれて、見つけることができなかった。

二〇一六年二月二日、当時、研究会の顧問であった井上脩《おさむ》氏の情報をきっかけに、この医師が市内で開業していた竹内隆良《たかよし》氏であることが分かった。この竹内隆良氏は、研究会の現会長である竹内桂一《けいいち》氏（産婦人科医師）の父であることも分かった。

その決め手となったのは、証言者の存在だった。当時、竹内医院に勤務していた鳥居つね看護婦（聴取時九十二歳）から、竹内医師と一緒に難民夫妻が宿泊していた旅館を一度だけ往診したとの貴重な証言が得られた。それは、「小林別館」（場所は氣比神宮の南側）で、寝ていたジルバーファイン夫人の流産の後処置をしたとのことだった。またその時の夫の話では、敦賀から神戸へ行き、その後は米国へ向かうとのことだった。その後、この夫婦の追跡調査を行なった。結果は次のとおりである。

二人の名前は「杉原リスト」に記載されていなかった。しかし神戸ユダヤ協会が、一九四一年六月十八日付けで米国ニューヨークのアメリカ・ユダヤ人共同配給委員会（American Jewish Joint Distribution Committee）へ送ったリストの六一番と六二番に、夫妻の名前が左記のように英語で記載されていた。

	［氏名］	［年齢］	［出生地］	［職業］	［市民権］
六一	ジルバーファイン・アドモンド	三十九	バルデヨフ	教師	チリ
六二	ジルバーファイン・リタ	三十	クラクフ		

このことからアドモンド・ジルバーファインと妻リタは、それぞれ三十九歳と三十歳の時に敦賀へ上陸したことが分かった。敦賀を出た後、無事に日本から希望する国へ行けたかどうかは不明である。しかし、長く過酷な逃避行の中、異国の地で温かい手を差し伸べられたこの夫婦にとって、敦賀は希望の光が見えた町だったに違いない。

資料⑤　杉原へのインタビュー

一九七七年八月四日、萱場道之輔《かやばみちのすけ》によるモスクワでのインタビュー。掲載に際し、二人の会話をできる限り忠実に再現した。会話の中には記憶違いも見られるが、それもそのまま記した。録音時間は約四十六分。（）は筆者による補足で、聞き取れない不明な部分については□□□とした。なお、テープ起こしには竹地祐治《たけちゆうじ》氏（CBCテレビ勤務、杉原千畝の親族）の協力を得た。

＊

萱場　当時、そこに領事館があったわけですね。リトアニアの。

杉原　僕が開いて。一九三九年の春。

萱場　一九三九年ということですね。

杉原　ヘルシンキから僕は転任してきた。カウナスへ。カウナスへ行って領事館を開けと。そして初代の領事として、リトアニアにいて仕事をしてくれと。

萱場　何人くらいですか、初代の領事館というのは。

杉原　誰もいないの。

萱場　じゃあ一人ですか。

杉原　当分一人だと。しかし必要ならばね、申請してくれれば館員を送るということは東京から言ってきている。しかし、言ってみたところでね、これという仕事はないし、仕事もないのに頭数を増やしてもね、かえってゴタゴタしてこちらが気を遣うばかりでね、面白くないから。東京へは、別に館員をくれとは言わなかった。それを見てからと思ってね。それで一年間経過したの。ところが、もともと領事館というのは、日本人がいる、そして商売やってる、貿易やってる、あるいはそこを通過、あるいは観光面で来る。日本人がいくらかでもあるという場合こそあるもんで、全然日本人がいないところ。

萱場　誰もいなかったの。

杉原　誰もいなかった。人がいないわけ、全然。恐らく町の人間も、日本人というものをかつて見たことがないというようなもんだろうと。第一地理的にもね、バルチック海の片隅であってね。

萱場　当時は、おいくつだったんですか。

杉原　僕は、その時は三十八か。僕は一九〇〇年生まれだから、たいてい千九百何十何年と言う時はそうだと。

萱場　明治三十四年ですか。

杉原　（明治）三十三年。それで、館員を一応申請しないで、僕一人で土地の人間を採用してね、やっていたわけ。秘書を使って。

萱場　そのいらっしゃる間、何か大使に聞いたら、杉原さんのところに行きゃあ、みんな当時リトアニアが、あの辺三国が当時はポーランドですか、いやドイツが来たわけですね。ドイツが来て占領して、それで負けて引き上げちゃったわけですね、一回。その時に、あの辺の連中でドイツへ行きたいあっちへ行きたいと言うと、みんな杉原さんのところへ行きゃあみんなビザを作ってくれた……まあこういう話ですね。

杉原　まぁそうね。地図から言えば、北のほうはエストニア、下がラトビア、都はリガ、日本の公使館があった。それからその南、リトアニア。僕のいたところ。その南がポーランド領を出てドイツに繋がるわけね。そして当時、すでにドイツとソ連の間は少し火薬の匂いがするようなね。

萱場　不可侵条約を結んだのが、三十何年……。

杉原　もう少し後だね。

萱場　結んだ時はもう危ないという、もう戦争するかも知れないということは分かっていたんですか。

杉原　そう、不可侵条約は一九三九年五月？

萱場　一九三九年ですね、八月二十三日ですね。

杉原　で、四〇年の六月二十二日独ソ戦争。約十カ月後か。

萱場　いらっしゃった時は三九年の何月頃なんですか。

杉原　僕が来たのは三九年の春から四〇年の八月いっぱい。ちょうど一年過ぎた一九四〇年の春、五月かなソ連軍が入ってきた。

萱場　いらっしゃる時に。

杉原　うん、そう。たくさん入ってきた。ソ連から兵隊が。

（雑音）

萱場　それは、兵隊としてパレードみたいに来るんですか。

杉原　それは、数日前にカウナスで人民大会があった、公園で。そして決議をしたわけ。

萱場　ソ連邦編入ですね。

杉原　ドイツ軍が入ってくるかも知れないと。従ってこの国の政治組織が崩れるかも知れないから、それは我々人民は希望しないと。できたらソ連のほうで援助してくれないかというデレゲーション（代表団）をモスクワへ送ったと。これは、いつもやる手なの。送らなくても電報を送った、電報を打たなくても打ったようなことを言ってね。決議して決する。その要請に基づいて入ってきた。それで僕が持っている領事館の建物の外、大きな空き地があった。そこにもテントがあって、野営し始めたわけだね。そういうようなわけで非常に世間もだが、国自体ゴタゴタしていたのでね。これはえらいことになるだろうと。これは一般の者がそう見ていたわけだね。ところがモスクワの日本大使館では、のん気な電報ばかり打っとったよ、東京に対して。あの時は誰だったかな。東郷氏か。例えば戦争が始まる前には、馬車・荷車は徴発されるのが普通だって言うわけだね。ところが、モスクワの近辺ではそういう光景がないと。そんなことを根拠にしてね、近く戦争が始まる危険はないようだと、極めて静かだと電報を打った。ところが僕の六感ではね、近く戦争がある感じなの。ところで僕はなぜ田舎へやられたかよく分からない。その前に僕は、今、ソ連領でポーランドとウクライナの境のところにソ連領でリヴォフという町がある。あれは、レンベルグ。元ポーランドでは、レンベルグと言った。そのレンベルグに僕がまだヘルシンキの公使館に働いている時に東京から知らせがあってね。近く将来、レンベルグへ行って領事館を開いてもらうかも知れないと。

萱場　当時はまだポーランドだったわけですね。

杉原　その構えをしておれと、訓令が来たわけ。その訓令もはっきりしないの。風の便りのような形式で東京から流れてくる。そういう話が、欧亜局辺りから。僕の所属は欧亜局。そこから流れてくるんだね。

萱場　レンブルグというのは、そんな……。

杉原　レンブルグというのは大きな町。あそこを通ってウクライナのほうへ行く。ドイツ、ポーランド、ソ連へ行く、ちょうどその要衝に当たる。この町は昔からチェコとかドイツ、ポーランド、リトアニアが取ったり取られたりした国際的な町。それで、そこへ行ってくれという通告があったんだが、それが一九三八年頃だったね。まだヘルシンキにいる。それから数カ月して取り止めて、カウナスへ行ってもらうかも知れないという知らせが風の便りがあった。何をするのか分からないが、僕の想像ではね、あの辺にいて、ずっと見ておればいいというわけ。やはりそこも日本人がいないわけ。そことカウナスも日本人もいないのに行けって言うんだからね。そこへじっとしておればいいと。じっとしていると何かあるだろうというわけね。それはやがて分かったわけ。ベルリンからも僕のところに手紙が来るようになった。その時はベルリンには大島という軍人の大使がいた。この人はヒトラー、リプケントロップ、ナチの国防軍と連絡があって、ソ連に向かって出るという準備をしているだろうと。それを当てにして日本も計画を立てていたわけ。計画がどんどん進んでくるわけ。うっかりこれドイツが出ないと困るからね。本当に出るかどうか。大島大使としては出るというヒトラーの言を信用して、従来いろいろと日本の軍部に建言しているわけね。うっかり出なければ、腹切らなきゃいけないから裏付けが欲しいわけ。それで僕に盛んに聞いてくるわけ。どうだって。

萱場　現地の情勢ね。

杉原　戦争は可だろうか。それで、一方ドイツ国内でそれを調べたら、よそとの問題。ドイツ国内ではね、ことに国境地帯の監視は非常に厳重で、大島大使といえどもヒトラー、あるいはリプケントロップ、あるいは何とかいう国防大臣ね、ナチの。本当のことは言ってくれないだろうと思うの。それだから我々にも聞くわけなんだね、どうだろうかと。心配でしょうがないわけね。

萱場　当時、通信手段というのは何ですか。

杉原　通信電報。

萱場　電報だけですか。電報はしょっちゅう、もうフリーパスだったわけですか。

杉原　ああ、領事館の領事の電報はね。しかし、しょっちゅう便があるからね。

萱場　ああ、クーリエの。

杉原　だいたい手紙、僕とドイツとはないが、リガとはあるわけ。リガを経てストックホルム。ストックホルムにも、日本の軍人がいたしね。

萱場　それで、ソビエト軍がそっちへ入っていったでしょ。入っていった時に、その中のリトアニアの体制というのは、ざぁーっと変えたんですか。

杉原　そうね。もう、ああいうものは連絡が前もってできているんだね。パッと新しい人民政権ができて、大臣も任命される。

萱場　その時に大使の話を聞いたら大使の隣にいたお父っつぁんが、青年が、パッと内務大臣になったなぁという話をしておられたけれども、そういう普段隣にいたような人がポコッと大臣になったり、なんていうことはあったんですか。

杉原　それはあるだろうね。たまたま隣に住んでいるというだけで。全然見識も手腕もないものが抜擢されてなったって言うんでなしに、偶然隣に住んどったというだけのことじゃないか。やはりそう簡単にはいかないわね。

萱場　その人民政府ができた時に古い連中というのは、みんなどうなったんですか。

杉原　古い連中は、ドイツに行くことができないから、どこへ行ったのか、あまり散っていかなかったんじゃないかな。

萱場　その時にドイツに行ってもいいし、お前ここに残ってもいいし、ドイツ系の人がかなりいたでしょ、あの辺は。

杉原　純ドイツ系というのはいない。ユダヤ人がかなりいた。リトアニア人と。

萱場　ポーランド人もいたんですか。

杉原　ポーランド系ね、ポーランド人も若干いた。

萱場　そういう連中が新政権になる時に、ある程度、猶予期間があってお前どこへ帰りたかったら帰れ、残りたかったら残れ、ということはなかったですか。

杉原　その後、あの辺にはね、あまり今はラトビア人とかユダヤ人はいないという話だね。

萱場　今はね。いないですね。それはどこかへ移されちゃったわけですかね。

杉原　どこかへ移された。どこへ行ったのか知らないけど。そしてソ連人がずっと入ってきた。

萱場　ソ連は入れ替わりの時期というのは、そういうのを見られたことはないですか。

杉原　そうね、親ソ政権ができて、その直後、一九四〇年。

萱場　一九四〇年、三国が……一九四〇年の七月二十一日ですね。

杉原　そして僕が八月いっぱいいて、ドイツへ入ったから。その当時のことは分からない。後で聞いた話では、ユダヤ人やリトアニア人はどこかへ移されたとね。民族移動。後でソ連人が入ってきた。

萱場　それはいつ頃ですか？　移された時期というのは。

杉原　僕は一九四〇年の八月いっぱいで期限付けて領事館閉鎖を命じられたから、モスクワ政府からね。それで僕のところも、リガの公使館も。タジン（タリン、エストニアの首都）に誰か駐在員がいたが、それも引き揚げた。皆ドイツへ行ったね。

萱場　そのいらっしゃった間は、まだそういう、わぁーっと人間を持っていくという話はなかったですかね。
杉原　うん、なかった。
萱場　外人がいなくなってから、わぁーっとやりだしたということかも知れませんね。
杉原　外人がいなくなってからというか、移したのはいつ頃だろう。そして、次の四〇年の六月か、独ソ戦争だね。
萱場　独ソは、四一年の六月ですね。
杉原　その前の年のポーランド第三次分割か。そして四一年の六月に独ソ戦争。で、四〇年の八月いっぱいで僕はドイツ領を通ってプラハへ行った。総領事館を引き受けて。あそこに半年。あそこがまた閉鎖になった。ドイツ政府からね。ボヘミア、チェコはドイツの保護領になるから、お前のところは領事館を置かなくてよろしいと。ベルリンに大使館があればそれで十分だから、閉鎖してくれと言って。ナチの外務省から通告があった。それで閉鎖して、閉まって四一年。そしてベルリンに行って、その大島大使がね、ケーニヒスベルクに総領事館を作ってくれと言われて。四一年の二月、ケーニヒスベルクは東プロシアにあるね、今はカリーニングラード、そこへ行って総領事館を作った。そこにも、在留民はいない。だから噂に聞くと二人の日本人が臨時に来てると、その当時。どうやらね、陸軍の大佐かな、石井とか、じゃないかという話があった。石井というのは関東軍の軍医で、細菌戦のオーソリティ（権威）だ。それがケーニヒに来て勉強してたということ。それはもう間接の間接に聞いた。こぼれてきた秘密の話であってね、どの程度真実かは分かんないけど。あそこはカントの確か生まれた、カントが勉強した大学が、有名なトコだよ。あの辺の東プロシアからはたくさん、昔、国軍の名将が出てるわね。ドイツの□□□ね。日本で言ったら東北みたいなところだよ。質朴剛健《しつぼくごうけん》でね。兵隊が強い。そこからまぁ、行って総領事館を作れと言われて、それでそれで月に二回くらいベルリンの大島大使から呼び出しが来るわけ。遊びに来ないかと言われて、それで飛行機でベルリンに行って、その大島大使の官邸に呼ばれてね、そうすると大使が待ってたというわけで。

桜の水というドイツでは、こちらで言うとウオッカみたいな真っ白のね、キルシュワッサーという酒、それを盛んに飲むんだね、あの人は。それで僕に聞くことは何かというと「どうなっている？　国境は」

萱場　それで、独ソ戦が始まって八月に引き揚げられるまでに、当時のリトアニアの連中で西に行きたい連中、あっちへ行きたい連中がビザを出してくれと、こういったわけですか。

杉原　それがね、ポーランド領から逃げてきた連中だと思っていた。ポーランドの西ポーランドのほう、ガリシア（ポーランド南東部からウクライナ北西部を指す地域）のほうかな。

萱場　あれが、ドイツになっちゃったから。

杉原　前の年にドイツが入ったから、どんどんドイツ人はユダヤ人を引っ張って行って、どっかの電気仕掛けで人を殺すところ。

萱場　アウシュヴィッツへ。

杉原　ああいうほうへ引っ張って行くっていうことでね。ユダヤ人は逃げ回っていた。それがどんどんやってきたわけね。ウィルノを通って。ヴィリニュスまで来たら日本の領事館がカウナスにあるということを聞いて、そして僕のところに雪崩《なだれ》を打って入ってきたわけね。これは僕、困ってね。僕がちょうど引き揚げ命令、モスクワ政府から受けてる。館を全部片付けなきゃいかんわね。小さいけれどもいろんな所帯を。前の年に来て整えたばかりでね、小さな子供は三人いるし赤ん坊が一人、そこへなだれ込んできた。行くところがないと、後ろからドイツが来るから、日本を通ってよその国へ行くんだと。通過だけのビザをくれといって頼んできたわけ。それですったもんだ、東京に聞いたんだけど東京は頑として応じない。いけない、ノータッチでおれと。と言ったってね、みんな僕の宿舎の窓のところまで集まってくるしね。何千人と。

萱場　どのくらいですか、人数は。

杉原　結局、僕の概算で四千五百。この四千五百というのが、ユダヤ、イスラエルで調査する機関がある、大きな。そこで調査した結果でも、大体四千五百になってる。初め僕は番号を打ってたんだけど、もう番号は百以上になったらね、面倒くさくなってね、やらなくなってしまった。

萱場　百くらいまでは申請が一人ひとりきて、それを作って。

杉原　秘書がいてね、現地採用の。それがあらかじめいろいろ話を聞いたり、一応スクリーン（事前審査）してくれるわけ。そして僕の部屋、今度は来る。それで僕がビザを書いてやるわけ。書くってのは、決まったハンコがあるけれども、ハンコには「査証」と書いて、それから僕の官職名が書いてあるだけでね。あと、どこ行き、日本通過の条件付きだと、ようなことを僕は特にペンで書き入れたの。簡単な通過というのじゃなくて、これはもうほんの書類もね、全部のものは完全ではないわけ。その、パスポートでないものも持ってくるわけ。とっさに逃げ出したか何かでね。だから、僕はいろいろと条件を書いて、その条件に適して日本に来ればいい。そうでなければ入れる必要はない。

萱場　どんな条件ですか。

杉原　手で書く仕事が非常に多かった。というのは、通過ビザというのはね、要するに通っていくだけだね。で、第三国の入国ビザがないとダメなの。口先で通過だと言ったって、日本で止まっちゃって浮浪民になって警視庁の世話になるようでは、これはいけないと。第三国へ行くという確証を見せよというわけ。多くの者は、そういうものはないわけ。多くの者が言うのは、神戸と横浜のアメリカの領事館に出頭すれば、そこへ来てるはずだと。そこに留め置きでアメリカから親戚が保証書だね、保証書を送ってるはずだと。多くの者はそう言うわけ。それで、そういう手紙も来ていると言ってね。いろいろなものを見せるんだけど。それから行き先が、ブラジルとかオーストラリア、ニュージーランド、アメリカ行きってのもあるが、三分の一くらいはキュラソーと言ったか、キュラソーへ行くんだと。それでキュラソーというのは、いったいどこにあるんだと思ったら、中南米にあるわけ。キューバの近くかな。ところがそれが、オランダ領なんだね。オランダ領でキュラソー。そこは船着場はあるかって聞いたら、船着場はあるが、税関がいないと皆言うわけ。税関がいないところを狙って（笑）。

萱場　そうか、そうか（笑）。

杉原　入るビザをもらってきているわけ。どこでもらったのかといったらね、それは後で僕が聞いたんだけど、カウナスにリトアニアのユダヤ人でオランダの名誉領事を兼ねてやっていた男がいて、それが入れ知恵したらしい。キュラソーもオランダ領だから、いくらか手数料を取ってビザを乱発したんだろうと。そういう者もいた。しかし、まあ一応……。

（電話が鳴って中断）

杉原　厳命によれば、神戸、横浜のアメリカ領事館で、必ず第三国行きの手続きを完了するという約束が真実であるという条件の下にビザを発行せよと言うわけ。日本通過のための滞在期間は最小限とするとか、そういうような文言が書いてあった。そして四千五百を発行したわけ。

萱場　じゃあ、その連中はカネを持ってるんですか。

杉原　カネ？　カネはあるんだろうね。ボロボロの服装なんだけど。

萱場　服装は着の身着のままみたいなもんですか。荷物は持って。

杉原　荷物はどこに置いてるのか、野宿しているのか、カウナスのどこへ収容されていたのか、分からないけれども。それほどたくさんの人間。

萱場　カウナスには簡単に来られたんですか。

杉原　カウナスへは。簡単といっても、連中は農家の荷車を……（無音）……帰ってきた。夕方になると、あるいはヴリニュスへ帰ったのかも知れない。あれは一週間くらいおった。

萱場　その連中は杉原さんにビザをもらって、それでどういう経路で日本へ出て行くんですか。

杉原　それはね、中央アジアを通ったんじゃないかしら。中央アジアを通ってね、そしてイルクーツクの辺りに出て、それからナホトカかウラジオ、ウラジオかな。ウラジオと敦賀の間の日本の連絡船があって、皆それの世話になっているわけ。で、僕がまだ東京のほうへ「ビザを出してもよろしいか」という電報を打って「いけない」という返事を、それからまた事情を言って、やり取りしている頃、敦賀、ウラジオ、日本海□□□。そこから文句が来るわけ。難民をね、大量に寄越してもらっては困ると。船室はわずかしかない。デッキに寝るのは危険だと。こっちはそんなこと構っていられないわけ。知らん顔しとったわけ。従って、無論シベリアを通ってウラジオ、敦賀と来た。そして日本側じゃ、警視庁も困ってね、警視庁というか、内務省が困って、外務省に文句言ってくるわけ。それが僕のほうには分かるわけ。分かるけどしょうがないわけ。人道問題だと僕は言っとるわけ、ね。クビになったって構わんと。だいたい、僕でなくても誰かその場にいたら、必ず同じことをやるだろうと。他に方法はないんだと。それで発行した。それで皆、シベリアを通って敦賀を通って日本へ上陸してきた。日本では神戸のユダヤ人たちが、受け容れ難民委員会というのを作った。そして、受け付けたようだね。そういう組織があったのを聞いているけど。

萱場　それは、一番のピークはいつ頃ですか。

杉原　ピークは、僕が領事館を閉鎖して九月一日、期限だからリガ、ベルリン行きの国際列車に乗って、引き揚げの直前まで約二週間、十二〜三日ね、十二〜三日の間だね。

萱場　四千五百人。

杉原　それで、出発する一週間くらい前から僕の所へは労働者が入ってきて、荷造りをしてくれてるわけ。その横で僕はガタガタやってる。それから、荷造りも段々でき上がるというと、早く持ち出してくれないと、うちの中もゴタゴタしちゃってね。まことに気持ちが悪いんで、いよいよ出発する三日前か、あそこのメトロポリスというホテルへ家族と一緒に引越したわけ。一日中、領事公邸におるというと時間お構いなし

萱場　に難民が寄ってくるからね。そしたらホテルにも来るんですよ。それからいよいよ一日の朝、出発するカウナス駅、ホームまでやってくる（笑）。困っちゃってね。断り切れなくて。
杉原　ホームでも作ったんですか。
萱場　ホームでも五〜六人にサインしてやってね。そういうのを何年前だったかね、イスラエルの東京の大使館のニシュリという経済参事官、彼やっぱり自分のパスポートに持ってる、僕のビザを。それを見せたわけ。
杉原　四千五百人は、大体、言ってきたやつ全部ですか。
萱場　四千五百人はそうだろうね。
杉原　断ったやつもあるんですか。
萱場　断るというのは、まあ、記憶がないから、恐らく、ともかく書いてやったんじゃないかと。断ったら、どこへ行くかね、可哀想だと。その頃は、そういうふうに日本の外務省、内務省、警視庁、それから汽船会社は表面的には反対と言ってきたわけ。で、僕は終戦後帰ってきて、外務次官の岡崎勝男というのがね、来てくれって呼び出しを受けて、行って「ご存知の件でいろいろと問題があった。文句言わないでヒマをとってくれ」と。こう言うからね、分かったと。退職手当三千円か、それもいわゆる第一封鎖という当時のすぐにはお金くれないの。日本銀行へ行って、二百円ぐらいずつもらうわけ。それからもう自力。独力で僕はずっとやってきた。同僚は最近まで外務省にいたけどね。
萱場　そのヴィリニュスにいらっしゃった時のそういう動きの中で、ロシア人は全然入っていないわけですか。
杉原　ポーランド人ばっかりですか。
萱場　ポーランド系のユダヤ人ばっかりだね。
杉原　もともとのリトアニア人はいないわけですか。
萱場　リトアニア人も入っているはずだけどね。めぼしいのは、僕のところに頼みに来たこともある。それは、リトアニアに住んでいるユダヤ人の商人でね。アメリカへ行きたいと言って聞いてきた者はいた。たくさん。群衆はそうだったよね、出てきたのは皆ポーランド人。国籍はポーランド。ポーランド系のユダヤ人と、こう思っているわけね。パスポートもポーランドのパスポートだった。しかしね、戦争が済んでから、ずっと後になってここにある日本の軍人で、中将でね、樋口《ひぐち》という、こういう人の存在は僕は全然知らなかったんだが、彼の名前はイスラエルにある。僕の名前もあるが、それと同じ程度に樋口という名前は知れておる。樋口ストリートというストリートもエルサレムに。これは、そういう中将が、ハルビンの陸軍の特務機関にいたっていうんだね。それで僕が送り出した避難民の輸送について、彼は、ワゴンを世話したって。列車を。

萱場　どこの列車ですか。

杉原　ソ連内の。ソ連内だが、満洲へ入ってハルビン経由でウラジオへ出て行く北満《ほくまん》鉄道線ね。それの日本軍の勢力圏内にあるやつね。満洲国へ入って、それからハルビンを通って、今度はウラジオのほうへ出て行く。これだけの鉄道輸送による列車を樋口中将というのが世話した。それで、ユダヤ人にとっての大きな、やはり命の恩人だということになった。どうもそれは事実らしいけどね。それまで僕は樋口という人は知らないんだよ。他のロシア語の軍人は僕はたくさん知ってたけど……。要するに、僕には、そういうのを出しちゃいけないと言っていながら、軍じゃユダヤ人をやっぱり使っていた。極東のユダヤ共和国を作るとかいう、当時運動もやってた。一部若い軍人がね、極東にユダヤ人共和国を作ると。

萱場　その杉原さんが送る時に東京のダメだダメだ、あっちこっちからダメだというのに、送る決心をつけられたのは、まあもちろん相手を見てればね、どこにも行きようがないから、ということ以上に何かあったんですか。やれば、どうにかなるだろうという……。

杉原　送ってやれば？　そう。とにかく行くところがないんだから。そして来るなって言ったって、何も、なぜいけないのかと。犯人じゃないしね。服装だけで人を判断することはできない。あるいは、懐《ふところ》にカネを持っているか。日本に行った途端にアメリカから送金があるかもしれない。そう思わなければいけない。ユダヤ人だからね。案外連中は財産を平時でも三分している。三つに分けて持っている。だから、よその国へ、遠くへ行きたいと言うからには、どっかでカネを手に入れる道を知っているのではないかと。しかも通過だから一時に大勢で来るから、それは、日本側の官憲にとって、好ましくないかも知れないけど、これはしょうがない。国境を開いている限りはね。

萱場　連中は、当時持っていたカネは何ですか。ポーランドの……。

杉原　何を持っていたのか知らんがね。とにかくビザの手数料は、通過ビザというのは入国ビザの十分の一となっている。だから当時、リトアニア、ポーランド辺りの人間で日本へ行きたいという入国ビザだったら、三円……、その当時の一ドルより、ちょっと少ないか。

萱場　それは入国のほうですか。

杉原　一ドルが四円二十銭くらいだった。それのもっと少ない三円ぐらいだった。三円の十分の一、三十銭。三十銭が換算レートで、リトアニアのなんて言ったかな、ようするに銅貨なわけ。

萱場　リトアニアのカネでみんな払い込むわけ。その時はもう、リトアニアはソビエトになっちゃっているから、そのお金はどうなるんですか。

杉原　それで僕は心配でね。要するに出発する前日くらいに国立銀行へ持って行ったわけ。こういう事情で集まったこれ、日本へ、どっか持っていってもしょうがないから。外貨にしてくれと、ドルにね。

萱場　当時はまだリトアニア国だし。

杉原　そういうところまでは連中の膳立てがね、進んでいなかった。従来どおりでやっとった。

萱場　当時、杉原さんが一緒に働いていたり、リトアニアで付き合っていた連中がいるでしょ。そういう連中は、

杉原　ない。

萱場　その後どうなったんですか。お会いになることはないんですか。

杉原　特に親しかった、よく面倒を見たとか、面倒を見られたとか、その後。

杉原　いないようだね。そういう連中は。

萱場　いないというのは、杉原さんにそういう人がいなかったということか、それとも、いたけどもその後文通がないということか。

萱場　僕が引き揚げる直前には、そういう連中が寄り付かなくなったから、どっか行ったなあとうすうす思っていた。僕のための仕事をした連中は、他にもいるんだけどね。それはいろんな事故を起こし、当時どっかへ消えちゃった。

萱場　事故ってのは何ですか。

杉原　事故というのはナチにひっつかまった。連中がね。

萱場　どうしてナチに捕まったの。

杉原　僕はあの頃には、その国境のドイツ側の国境地帯、あの状況を偵察していたわけ。それでカウナスからしょっちゅう、僕はルートを持っていた。ルートをね。非常に危ないルートだけど。それでいろんなことを聞いてくるわけ。《インタビュー終わり》

資料⑥　杉原千畝の略年譜

年		出来事《太字は世界情勢》
一九〇〇年	一月	岐阜県武儀《むぎ》郡上有知《こうずち》町八九〇番戸（現在の美濃市二六二五―一―一）で誕生
一九〇三年	三月	福井県丹生《にゅう》郡朝日村へ転居
一九〇四年	二月	日露戦争勃発
	三月	三重県四日市市へ転居
一九〇五年	九月	日露講和条約（ポーツマス条約）調印
	十月	岐阜県恵那《えな》郡中津町へ転居
一九〇六年	四月	中津尋常高等小学校尋常科に入学
一九〇七年	四月	三重県桑名《くわな》郡桑名町第一尋常小学校に転校
	十二月	名古屋市古渡《ふるわたり》尋常小学校に転校（父好水が韓国へ単身赴任）
一九一二年	四月	愛知県立第五中学校に入学
一九一四年	七月	第一次世界大戦勃発
一九一七年	十一月	ロシア革命、ソビエト政権樹立
一九一八年	四月	早稲田大学高等師範部英語科予科に入学
	十一月	第一次世界大戦終結
一九一九年	七月	外務省留学生試験に合格
	十月	外務省ロシア語留学生としてハルビンへ留学（早稲田大学中退）
一九二〇年	十二月	一年志願兵として龍山《ヨンサン》の第二〇師団歩兵第七九連隊第九中隊に入隊

一九二一年十一月　兵役満期、予備役編入、甲種勤務演習のため歩兵第七九連隊に応召
一九二二年　九月　日露協会学校に聴講生として修学
一九二三年　三月　在満洲里日本領事館へ転学を命じられる
一九二四年　二月　在満洲里日本領事館に外務書記生として採用（現地任官）
　　　　　　三月　任陸軍歩兵少尉を拝命
　　　　　十二月　満洲・在ハルビン日本総領事館勤務を命じられる
一九二六年十一月　報告書『ソヴィエト連邦国民経済大観』をまとめる
一九二九年　四月　日露協会学校講師に命じられる（ロシア語を担当）
　　　　　　八月　『「ソヴィエト」連邦の外交十年史』をまとめる
一九三一年　九月　満洲事変勃発
一九三二年　三月　満洲国建国宣言
　　　　　　五月　外務省を依願退職
　　　　　　六月　満洲国外交部北満特派員公署事務官に命じられる
一九三三年　一月　ドイツでナチス政権（ヒトラー内閣）樹立
　　　　　　六月　北満（東清）鉄道譲渡交渉に臨む（書記官に任命）
一九三四年　八月　ヒトラーがドイツ帝国の総統となる
　　　　　　八月　満洲国外交部理事官・外交部政務司俄国（ロシア）科長兼計画科長に命じられる
一九三五年　三月　北満（東清）鉄道譲渡交渉が終了
　　　　　　七月　満洲国外交部を依願退職、外務省へ復帰、外務省大臣官房人事課、第一課勤務を命じられる
一九三六年　四月　ソ連・在ペトロパヴロフスク日本領事館勤務を命じられる。

十一月　日独防共協定締結
十二月　ソ連・在モスクワ日本大使館勤務を命じられるが、ソ連政府が入国ビザ発給を拒否
一九三七年　七月　日中戦争勃発
八月　フィンランド・在ヘルシンキ日本公使館勤務を命じられる
十一月　日独伊防共協定締結
一九三九年　五月　ノモンハン事件
七月　リトアニア・在カウナス日本領事館勤務を命じられる（副領事に任命）
八月　独ソ不可侵条約締結
八月　在カウナス日本領事館に副領事として着任
九月　ドイツ軍がポーランドに侵攻、第二次世界大戦勃発
一九四〇年　六月　ソ連がリトアニアに侵攻
七月　多数のユダヤ避難民が日本領事館に集まり始め、ビザ発給を始める
八月　ソ連がリトアニアなどのバルト三国を併合
八月　チェコ・在プラハ日本総領事館勤務を命じられる
九月　在カウナス日本領事館閉鎖、ベルリンへ出発
九月　プラハ着任
九月　日独伊三国同盟締結
一九四一年　二月　東プロイセン・在ケーニヒスベルク日本総領事館勤務を命じられる
四月　日ソ中立条約締結
六月　独ソ戦開始

一九四二年　十一月　ルーマニア・在ブカレスト日本公使館勤務を命じられる
　　　　　十二月　太平洋戦争勃発
一九四五年　七月　ヒトラーがユダヤ人絶滅計画を命令、強制収容所でユダヤ人の大量虐殺が始まる
　　　　　八月　日本がポツダム宣言受諾して降伏
　　　　　八月　ブカレスト郊外の捕虜収容所に収容される
一九四七年　三月　ウラジオストクを出帆、四月に博多港に上陸
　　　　　四月　外務省から呼出状が届く、藤沢市鵠沼に居住
　　　　　六月　外務省を退職
　　　　　七月　財団法人世界平和建設団に勤務
　　　　　十一月　在東京本門佛立宗扇教寺《ほんもんぶつりゅうしゅうせんきょうじ》社会事業団に勤務
一九四八年　五月　イスラエルが独立を宣言
一九四九年　二月　参議院総務部資料課に勤務（主事）
一九五〇年　六月　ＧＨＱ東京ＰＸ本店に勤務
一九五二年　五月　洋服生地卸売り会社PONVE《ポンビー》商会に勤務
一九五六年　五月　科学技術庁勤務
一九五七年　十月　ＮＨＫ国際局編成部に勤務（対ソ放送班）、「ニコライ学院」でロシア語講師として勤務
一九六〇年　五月　川上貿易株式会社に入社、九月に駐在員としてモスクワへ赴任
一九六四年十一月　東邦物産株式会社業務部に嘱託として在籍（六五年五月まで）
一九六八年　七月　ビザを受給したジェホシュア・ニシュリ駐日イスラエル大使館参事官と再会
　　　　　八月　朝日新聞夕刊に「ユダヤ難民四千人の恩人」として紹介される

一九六九年　十月　川上貿易が蝶理に統合され、嘱託社員として蝶理《ちょうり》株式会社に転籍入社
　　　　　十二月　留学中の四男伸生に会うためにイスラエルを訪問、ビザを受給したゾラフ・バルハフティク宗教大臣とツヴィ・クレメンティノフスキ・テルアビブ副市長と再会
一九七一年　七月　蝶理株式会社のモスクワ駐在員事務所長に就任（顧問）
　　　　　十二月　国際交易株式会社のモスクワ事務所長として勤務
一九七七年　八月　ＦＮＮモスクワ支局長の萱場道之輔からインタビューを受ける
一九七八年　三月　国際交易株式会社を退職、同社の顧問として引き続き勤務
　　　　　七月　ソ連から帰国
一九八〇年　三月　藤沢市から鎌倉市へ転居、国際交易株式会社顧問を退任
一九八五年　一月　イスラエル政府から「諸国民の中の正義の人」が授与される
一九八六年　七月　神奈川県鎌倉市で永眠（享年八十六歳）
一九九一年　九月　リトアニア・ヴィリニュスに「スギハラ通り」ができる
二〇〇〇年　十月　外務省外交史料館に杉原千畝の顕彰プレートが設置される
　　　　　十一月　名古屋市立平和小学校に「平和の鐘（ちうねチャイム）」が設置される
　　　　　十一月　新しく発見された惑星が「杉原（25893 SUGIHARA）」と命名される
二〇〇七年　五月　リトアニアの杉原千畝記念碑を天皇皇后両陛下（当時）が行幸啓せられる
二〇〇八年　一月　ポーランド復興勲章「コマンドルスキ十字勲章」が授与される
二〇一一年　十月　早稲田大学に杉原千畝顕彰碑が設置される
二〇一二年　十月　駐日イスラエル大使館が愛知県立瑞陵高校にオリーブの記念植樹を行なう
二〇一五年　九月　カウナスのホテル・メトロポリスとカウナス駅に杉原千畝の記念プレートが設置される

二〇一六年　六月　イスラエル・ネタニヤ市に「チウネ・スギハラ通り」ができる
　　　　　六月　鎌倉市議会で「人道的行為を尽くされた杉原千畝さんを顕彰することに関する決議」
二〇一七年　九月　ロシアのユダヤ自治州ビロビジャンに杉原千畝の顕彰プレートが設置される
二〇一八年　十月　愛知県立瑞陵高校に「杉原千畝広場センポ・スギハラ・メモリアル」が設置される
　　　　　十月　岐阜県美濃市の教泉寺に杉原千畝の出生地を示す案内板が設置される

⑦ 主要参考文献一覧

● 外務省記録

「外国人入国令」内務省令第一号（一九一八年一月）
「廣告　外務省留学生試験」官報第二〇三九号（一九一九年五月）
「日露協會學校規則」（一九二一年九月外務省改正認可）
「日露協會學校ヲ哈爾濱學院ニ改ム」勅令第四八号（一九二二年勅令第二二三号）
「杉原留学生満洲里轉學方ニ關シ稟請ノ件」公第一二六号（一九二三年二月）
「高等試験豫備試験免除申請関係」（三四）発第一八〇号（一九二九年十二月）
「独逸避難民に関する件」（一九三五年三月）
「杉原通訳官ノ対白系露人接觸事情」（一九三七年三月）
「猶太避難民ノ入國ニ關スル件」米三機密合第一四四七号（一九三八年十月）
「猶太人対策要綱」（一九三八年十二月）
「外國人ノ入國、滞在及退去ニ関スル件」内務省令第六号（施行：一九三九年五月）
「避難民ノ取扱方ニ関スル件」電送二七四六五号　略第二二号（一九四〇年八月）
「貴電二二二号ニ關シ（避難民ノ取扱方ニ關スル件）」二六八〇九略第六七号（一九四〇年九月）

「避難民ノ取扱方ニ関スル件　貴電第六七号ニ関シ」電報二四号（一九四〇年九月）
「欧州避難民による査証付与制限に関する件」内務省警保局外発乙第八九号（一九四〇年九月）
「外國避難民ニ對スル査證ノ取扱方ニ關スル件」（一九四〇年十月）
「貴電第五十号ニ関シ」電送第四一六二号　略第三八号（一九四一年二月）
昭和十五年分「本邦通過査証発給証」在カウナス帝国領事館（一九四一年二月）
「欧州避難民ノ取扱方ニ関スル件」電送第八九九二号　暗六九号（一九四一年三月）
「貴電第六九号ニ關シ（欧洲避難民ノ取扱方ニ關スル件）」七二七五（暗）第九六号（一九四一年三月）
「最近一週間に聞き込んだドイツ・ソ連関係における判断の参考事項」一二六〇五　暗（一九四一年五月）
「外国ニ於ケル旅券及査証法規並同取扱事件雑件　蘇聯邦ノ部　本省員関係」

●単行本・論文など

『満鉄を知るための十二章――歴史と組織・活動』天野博之（吉川弘文館、二〇〇九年）
『ロシアおよび海外公文書館における「正義の人」杉原千畝に関する新たな文書の発見：国際協力の経験と展望」』イリヤ・アルトマン、岡林茱萸訳（「Asia Japan Journal 11」61-68, 2016）
『日本・ポーランド関係史』エヴァ・パワシュ＝ルトコフスカ、アンジェイ・タデウシュ・ロメル、柴理子訳（彩流社、二〇〇九年）
『外務省の百年　上・下巻』外務省百年史編纂委員会（原書房、一九六九年）
『神戸・ユダヤ人難民一九四〇－一九四一「修正」される戦時下日本の猶太人対策』金子マーティン（みずのわ出版、二〇〇三年）
『観光文化第一五〇号』第二五巻六号通巻第一五〇号（日本交通社、二〇〇一年）
『観光文化第一五一号』第二六巻一号通巻第一五一号（日本交通社、二〇〇二年）
『日ソ関係のロー・ポリティクス――日ソ通商条約の締結と戦後日ソ関係の始動』神田豊隆（法政理論第四九巻第一号、二〇一六年）
『満鉄王国――興亡の四十年』江上照彦（サンケイ出版、一九八〇年）

『神戸の歴史―神戸開港百五十年記念―』神戸市（文書館、神戸市史紀要第二六号、二〇一七年）
『満鉄――「知の集団」の誕生と死』小林英夫（吉川弘文館、一九九六年）
『戰時歐洲飛脚記』斎藤祐蔵（清水書房、一九四二年）
『北満鉄道譲渡問題をめぐる日ソ関係』佐藤元英（駒澤大学文学部研究紀要五四号、一九九六年）
『週刊朝日』（朝日新聞出版、一九九九年九月十七号）
『受験と學生 第三巻第四號』雪のハルビンより――外務省留学生試験合格談（研究社、一九二九年）
『職業指導書（第一四編）外交官になるには』（東京三友社）
『外交官杉原千畝の在ハルビン総領事館および「満洲国」在勤中の活動を伝える調書について』白石仁章（国際関係学研究　東京国際大学大学院国際関係学研究科第二一号抜刷、二〇〇八年）
『一隅を照らす――日本中東外交の誕生と私の生涯』新村徳也（私家本、一九九七年）
『六千人の命のビザ』杉原幸子（朝日ソノラマ、一九九〇年）
『六千人の命のビザ　新版』杉原幸子（大正出版、一九九三年）
『日本に来たユダヤ難民』ゾラフ・バルハフティク、滝川義人訳（原書房、一九九二年）
『自由への逃走――杉原ビザとユダヤ人』中日新聞社会部（東京新聞出版局、一九九五年）
『敦賀の歴史』敦賀市史編さん委員会（敦賀市役所、一九八九年）
『敦賀市史 上・下巻』敦賀市史編さん委員会（敦賀市役所、一九八五年、一九八八年）
『自国史の検証―リトアニアにおけるホロコーストの記憶をめぐって―』野村真理（「地域統合と人的移動：ヨーロッパと東アジアの歴史・現状・展望（金沢大学重点研究）」第六章、二〇〇六年）
『日本近現代人物履歴事典』〔第二版〕秦郁彦（東京大学出版会、二〇一三年）
『十五年戦争（一九三一〜一九四五）における日本政府・軍のユダヤ人政策』阪東宏（駿台史学第一一六号二七〜七八頁、二〇〇二年）
『涙の谷間より』ラビ・ピネハス・ヒルシュプルング（Printed by EAGLE PUBLISHING CO`、一九四四年）
『戦中期における国内ムスリム団体の統制と「回教公認問題」――在神戸ムスリム・コミュニティの視点から』福田義昭（アジア文化研究所研究年報第四七号一五六（七七）〜一七五（五八）頁、東洋大学学術情報リポジトリ、二〇一二年）
『人道の港 敦賀』古江孝治（日本海地誌調査研究会、二〇一八年、第三版）

『改正一年志願兵志願之友』篠崎賢治郎（菊地屋書店、軍事學指針社、一九二一年）

『北満鉄道（東清鉄道）譲渡交渉成立まで』満洲日報（一九三五年）

『満鉄四十年史』満鉄会（吉川弘文館、二〇〇七年）

『日本と旧ソ連との経済関係の展望』村上隆（ソ連・東欧学会年報、一九九一巻二〇号）

『近代日韓関係史研究――朝鮮植民地化と国際関係』森山茂徳（東京大学出版会、一九八七年）

『命のビザを繋いだ男　小辻節三とユダヤ難民』山田純大（NHK出版、二〇一三年）

『真相　杉原ビザ』渡辺勝正（大正出版、二〇〇〇年）

『杉原千畝の悲劇』渡辺勝正（大正出版、二〇〇六年）

『《翻訳》杉原千畝手記』渡辺克義訳（北欧史研究第一五号「バルト＝スカンディナヴィア研究会」、一九九八年）

『報告　駐カウナス日本領事館臨時領事・杉原千畝夫人、杉原幸子氏との会談（一九九三年八月四日）覚書』渡辺克義（山口県立大学学術情報 第二号「国際文化学部紀要」、二〇〇九年）

『《史料解説》杉原千畝手記 再考』渡辺克義（北欧史研究第一七号「バルト＝スカンディナヴィア研究会」、二〇〇〇年）

●書簡・インタビューなど

「モスクワや藤沢市から親族へ宛てた手紙、ハガキ」（一九五八年七月八日、他）

「モスクワから家族へ宛てた手紙、ハガキ」（一九六〇年十月三日、他）

「モスクワから国際交易株式会社へ宛てた業務連絡の手紙」（一九七一年七月六日、他）

「『セクマディエニス』における杉原千畝インタヴュー記事」重松尚訳（Interview with Chiune Sugihara by Lithuanian Newspaper Sekmadienis in 1939）

「杉原千畝へのインタビュー」FNNモスクワ支局長（フジテレビ社員）萱場道之輔、モスクワにて（一九七七年八月）

「ゼンボウ　勇者は多くを語らず」（全貌社、一九八六年）

「太平洋を渡った杉原ビザ――カウナスからバンクーバーまで」バンクーバー新報（二〇一七年一月十九日）

「四七〇〇人の猶太人を救った杉原領事の決断〔外交官秘話〕」未完の手記（杉原千畝、全八頁）

「Personal History Statement of Chiune Sugihara」英文タイプ打ち履歴書（杉原千畝、一九六〇年頃作成）

あとがき

二〇〇九年八月二日、アメリカの著名な経済学者チャールズ・マンスキー教授が敦賀を訪問した。彼は、本書にも登場したサムエル・マンスキー（一〇八頁）の長男である。日本の学会に出席するために来日し、京都から東京へ移動する際、敦賀に立ち寄った。私は彼を「人道の港 敦賀ムゼウム」に案内した。その時、彼は展示してあった杉原リストから父親の名前を見つけ、食い入るように見つめていた。帰る段になり、彼を敦賀駅まで見送って列車を待っていた時、突然質問された。

「あなたは、なぜ杉原サバイバーたちについて調査しているのですか？」

とっさの質問に対して答えに窮していた私は、同行していた通訳を通じて「使命かも知れません」と返答した。その後、チャールズは静かに語った。

「それはあなたの使命（mission）です」

彼と別れた後、使命《ミッション》という言葉が私の心に残った。

杉原は避難民に大量のビザを発給した。その理由は本書に記したとおり、杉原自身の「可哀想だ」という弱い立場の人に寄り添う言葉に集約される。そして彼は、ビザを書き続けた。その原動力は目の前の人たちを一人でも多く助けなければという使命に動かされたのではないだろうか。


今回、杉原の一生を書いていく中で、彼の生き様がいぶし銀のように光を放っていくのを感じた。寡黙な杉原を「古武士のようだ」と評する人がいる。彼は確かに意志が強くて誠実な人間である。我慢と忍耐の人であり、信念を守り通す人である。そして人情に溢れた人でもある。

杉原はユダヤ人だから助けたのではなく、領事館へ助けを求めて来た人たちに等しくビザを出した。カウナスで発給したビザを記録した「杉原リスト」を見ると、受給者の国籍はポーランドをはじめリトアニア、チェコスロバキアなど全九カ国に及び、その中には非ユダヤ人も多数いる。目の前の困った人の立場に立ち、決断と覚悟を持った杉原だったからこそ、「命のビザ」は発給されたと思う。

ユダヤの教典である『ミシュナー』の中に、「一人の命を救う者は、全世界を救ったのである」という一節がある。これは杉原に授与された「諸国民の中の正義の人」のメダルに刻まれた言葉であり、杉原はまさに目の前にいる「一人の命」を救おうとしてビザを発給したのである。

本書を執筆していた時、新型コロナウイルスが世界で猛威を振るっていた。社会の経済活動が崩れかかり、先行きの見えない不安が今も人々を覆っている。杉原が外交官として活躍していたヨーロッパや日本も、同様に先が見えずに混沌としていた。そんな中、迫害にあえぐ避難民にとって、杉原ビザは一条の光であり、希望の灯火であった。

今の時代を生きる私たちには、杉原の行為の根底にあった「人間愛」に思いを馳せ、次世代に伝えていく責任があると思うのである。

本書を執筆するにあたり、多くの方に協力をいただいた。まずは多くの資料を提供いただき、私の不躾な質問にも快く答えていただいた杉原伸生氏に深く感謝したい。また出版へのお世話をしていただいた作家の篠輝久氏、情報を提供いただいた元在リトアニア大使の白石和子氏、中京大学法学部名誉教授の石川一三夫氏、元外務省職員の深澤幸一郎氏、元鎌倉市議会議長の中沢克之氏、一般財団法人「杉原千畝記念財団」の大新田納氏、俳優の山田純大氏、杉原千畝のモスクワ時代の部下だった日露ユーラシア交流振興協会の川村秀氏、毎日新聞の田中洋之氏、NHK国際放送局ディレクターの古俣モシェ氏、ジャーナリストの高橋文氏、杉原家親族の竹地祐治氏、村瀬米彦氏、岐阜県美濃市の「杉原千畝さんに学ぶ会」の大塚高明氏、愛知県教育員会の稲垣宏恭氏、

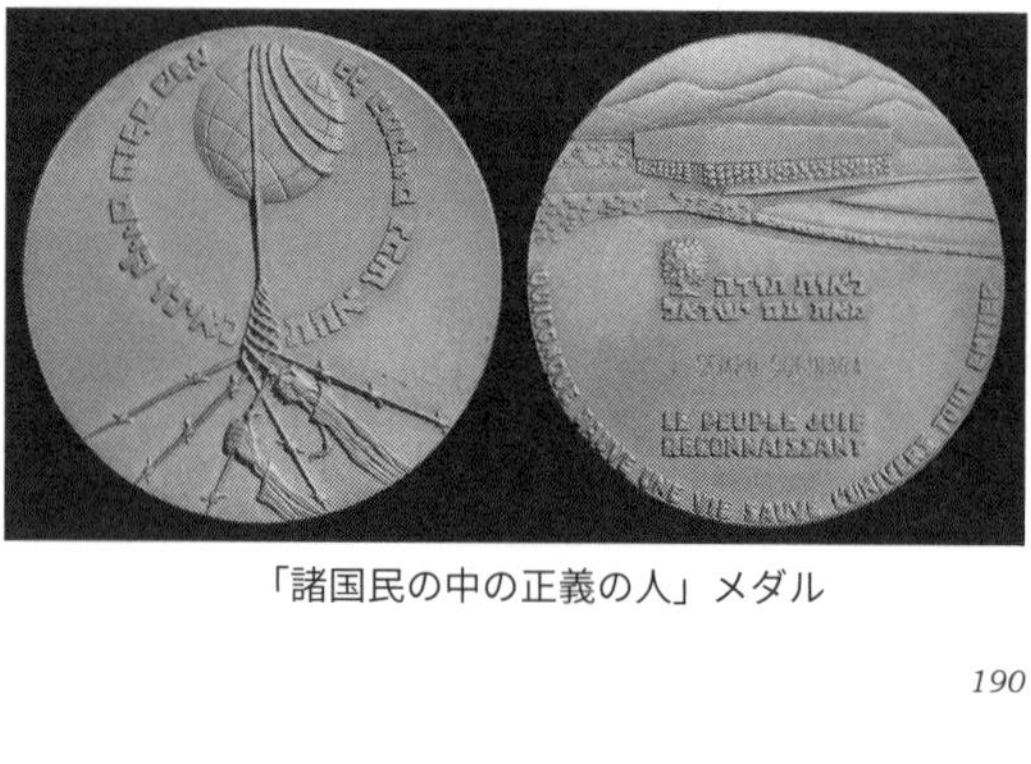

「諸国民の中の正義の人」メダル

新村徳也夫人の新村充恵氏、根井三郎のお孫さんの根井茂美氏、日本海地誌調査研究会、東邦物産株式会社、蝶理株式会社、パーカー川上株式会社、そして杉原千畝やユダヤ避難民の研究においてご指導いただいた故井上脩氏、その他大勢の人たちから協力をいただいた。ここに感謝を申し上げたい。

また今回、執筆の機会を与えていただいた株式会社ミルトスの谷内意咲氏には、数々のご指摘やアドバイスをいただいた。重ねてお礼を述べたい。

二〇二〇年九月　古江孝治

● 著者紹介　古江孝治（ふるえ たかはる）

1950年、福岡県生まれ。立命館大学卒業後、福井県敦賀市役所に勤務。敦賀市にあるポーランド孤児やユダヤ避難民の敦賀上陸などを展示する資料館「人道の港 敦賀ムゼウム」開設の中心的役割を担い、初代館長となる。杉原千畝、ユダヤ避難民などの調査・研究のため「人道の港調査研究所」を設立。大学などでの講義や講演活動を通して「命の大切さ」「平和の尊さ」を伝える。著書に『人道の港 敦賀―敦賀に上陸したポーランド孤児・ユダヤ人難民の命の記録』（日本海地誌調査研究会）、論文に「敦賀港におけるユダヤ避難民上陸事件に関する一考察」、「杉原ビザの謎―日本通過ビザの果たした役割」など多数。

● カバー写真：ルーマニア時代の杉原千畝〔杉原伸生提供〕
　　　　　　　杉原千畝の発給したビザ

● 装幀：クリエイティブ・コンセプト

杉原千畝の実像――数千人のユダヤ人を救った決断と覚悟

2020年11月20日 初版発行

著者　古　江　孝　治
発行者　谷　内　意　咲
発行所　株式会社 ミ　ル　ト　ス
〒103-0014 東京都中央区日本橋蛎殻町
1-13-4 第1テイケイビル 4F
TEL 03-3288-2200 FAX 03-3288-2225
振替口座 00140-0-134058
http://myrtos.co.jp pub@myrtos.co.jp

印刷・製本 中央精版印刷株式会社　Printed in Japan　ISBN 978-4-89586-054-3
定価はカバーに表示してあります。
©2020 by Takaharu Furue